BUDDHA BOWLS

TANJA DUSY

BUDDHA BOWLS

GESUND & BUNT – 50 x ENERGIE AUS DER SCHÜSSEL

EMF

EIN BUCH DER
EDITION MICHAEL FISCHER

INHALT

All in a Bowl 7
Buddha-Bowls - eine für alles 8
Gesunde Kohlenhydrate 10
Gesunde Eiweiße 12
Gesunde Fette 13

BREAKFAST-BOWLS

Chia-Pudding-Bowl 17
Apfel-Rübli-Bowl 19
Juwelen-Bowl 21
Tropical-Coconut-Bowl 23
Banana-Choc-Bowl 25
Green-Smoothie-Bowl 27
Purple-Superfood-Bowl 29
No-Salad-Bowl 31
Knuspriges on top 32
- Dukkah 32
- Spicy Granola 33
- Nut Crunch 33

Mediterrane Tomatenbowl 35

EASY BOWLS

Frühlings-Bowl 39
Pickles 40
- Japan-Pickles 40
- Rosa Radieschen 40
- Eingelegte Zwiebelringe 41

Sommer-Bowl 43
Herbst-Bowl 45
Rote Bete 46
- Mit Kokos 46
- Aus dem Ofen 46
- Schnelle Pickles 47

Winter-Bowl 49
Spinat-Hummus-Bowl 51
Kichererbsen 52
- Hummus 52
- Geröstet 52
- Schnelles Chana-Dal 53

Ratzfatz-Hirse-Bowl 55
Otsu-Bowl 57
Koreanische Reisschale 59
Indian Dal-Bowl 61
Aladins Wunderschüssel 63
Easy Falafel 65
Gado-Gado-Bowl 66
Bavarian Bowl 69
Muhammara-Bowl 71
Labneh-Bällchen 73
Hot-Chili-no-carne-Bowl 74
Reisnudeln mit Garnelen 77
Sushi-Bowl 79
Hot-Tuna-Bowl 81

Avocado 82
- Mayonnaise 82
- Mariniert 82
- Guacamole 83

Burrito-Beef-Bowl 85
Bulgogi-Bowl 87
Thanksgiving-Bowl 89

SUPER BOWLS

Colors-of-Asia-Bowl 93
Bibimbap-Bowl 94
Kimchi 96
Aphrodites Beauty-Bowl 99
Chana-Dal-Bowl 101
Paneer 103
Toskana-Bowl 105
Kohl 106
- Gedünsteter Schwarzkohl 106
- Grünkohl-Chips 107
- Orangen-Grünkohl 107

Knusper-Kichererbsen-Bowl 109
Tex-Mex-Bowl 110
Süßkartoffel 112
- Aus der Pfanne 112
- Aus dem Ofen 112
- Gegrillt 113

Hot-Tofu-Bowl 115
Tofu 116
- Mariniert 116
- Glasiert 117
- Aus dem Ofen 117

Matrjoschka-Bowl 119
Happy-Bunny-Bowl 120
Mung-Dal-Bowl 123
Japan-Bowl mit Makrele 125
Tataki-Bowl 127
Yakitori-Lachs-Bowl 129
Pulled-Chicken-Bowl 131
Tandoori-Chicken-Bowl 133
Shehrazades Wunder-Bowl 135
Healthy Kebab-Bowl 137
Saigon-Bowl 139

Register 140
Über die Autorin 143

ALL IN A BOWL

So muss wohl Glück schmecken: eine bunte Schüssel, vollgepackt mit herrlichen Zutaten, die allesamt gesund sind und richtig satt machen. Vielleicht nennt man die Trendschüsseln auch deshalb oft Buddha-Bowls: weil sie schon während des Essens das seelige zufriedene Lächeln auf unser Gesicht zaubern, das wir von Buddha-Darstellungen kennen.

Die Idee dafür stammt aus Asien. Dort gibt es in vielen Ländern traditionell Ein-Schüssel-Gerichte: kräutersatte vietnamesische Reisnudelschalen, koreanisches Bibimbap oder Chirashi-Sushi in Japan, bei denen die Zutaten nicht gerollt werden, sondern gemütlich auf einem Bett aus gesäuertem Reis lagern. Ihnen allen ist ein simples Grundkonzept gemein: Verschiedenste Zutaten und Aromen vereinen sich ganz entspannt in einer Schüssel zu einer harmonischen Gesamtmahlzeit.

So sind auch alle Rezepte in diesem Buch aufgebaut. Eine Grundlage wie z. B. Reis oder Getreide, auf der sich einander ergänzende, möglichst vielseitige Komponenten tummeln: Gekochtes und Rohes, Festes und flüssige Saucen oder Dips, Saures, Scharfes, Mildes etc.

So kann der Tag schon mit einer sättigenden süßen Smoothie-Bowl oder einer herzhaften Hirseschüssel mit gebratenen Tomaten beginnen. Mittags oder abends schmeckt eine einfache Reisnudelschale mit Garnelen oder wahlweise vegetarisch mit Tofu oder eine üppige Reisschüssel mit Kichererbsen, Gemüse, Salat und leckerer Sauce.

So wird jedes Essen zur genussvollen, runden Sache. Und das gute Gefühl hält an: Auch lange nach einer Bowl-Mahlzeit bleibt man angenehm satt und hat mehr Energie. Richtig gefüllt, stecken nämlich in jeder Schüssel alle wichtigen Nähr- und Vitalstoffe, die wir täglich brauchen. Keiner muss sich lange den Kopf zerbrechen, ob er nun vegetarisch oder low carb isst, und schon gar keine Kalorien zählen. Jede Bowl in diesem Buch ist als möglichst idealer Mix zusammengestellt. Erlaubt ist, was gefällt, und wer will, tauscht einfach einzelne Komponenten aus. So wird jeder auf seine ganz persönliche Art satt, glücklich und rundum zufrieden.

BUDDHA-BOWLS – EINE FÜR ALLES

RUNDUM GESUND

In einer Bowl steckt alles, was unser Körper täglich braucht – vorausgesetzt, wir stellen sie wie bei den Rezepten in diesem Buch schlau zusammen: als eine Mischung aus möglichst komplexen Kohlenhydraten, Protein – in Form von tierischem oder pflanzlichem Eiweiß – und jeder Menge Vitaminen, Mineralstoffen und sekundären Pflanzenstoffen aus frischem Grün. Das ist die perfekte Mischung, um schlank und gesund und auf leckere Art lange satt zu bleiben.

Gemüse und ab und an Früchte bilden mit rund 50 % den größten Anteil jeder Schüssel; egal, ob in gegarter Form, als Rohkost oder (Blatt-)Salat. Der Kohlenhydratanteil in Form von Getreide oder Hülsenfrüchten und der Anteil an Proteinen aus Fleisch, Fisch, Milch- oder Sojaprodukten liegt jeweils bei etwa 20–25 %. Und mit rund 10 % an hochwertigen Ölen, Nüssen und Saaten bekommen wir auf gesunde Weise unsere täglich benötigte Menge an Fett.

Nach diesem Prinzip lassen sich viele neue Bowls zusammenstellen oder Rezepte im Buch abwandeln und Zutaten austauschen. Vorschläge und noch etwas mehr Infos dazu gibt es auf den Seiten 10 bis 13.

MIX IT!

Mischen und austauschen sind also erlaubt und sogar erwünscht: Wer lieber vegetarisch isst, ersetzt Fleisch durch z. B. Tofu oder Linsen, Allergiker verwenden glutenfreie Quinoa anstatt Reis, und wer einmal keine Lust hat Gemüse zu kochen, mischt eine Handvoll geraspelte Möhren unter und streut zusätzlich noch ein paar gehackte Nüsse darüber. Der Fantasie sind kaum Grenzen gesetzt und die Rezepte so gestaltet, dass die einzelnen Bestandteile bereits in der Zutatenliste praktisch getrennt aufgeführt sind und viele Tipps für mal schnellere oder mal etwas aufwendigere Varianten gegeben werden. Wichtig und sinnvoll ist es allerdings, speziell was Gemüse und Obst angeht, möglichst saisonal passende Sorten zu wählen – das wurde bei den Rezeptkombis im Buch immer mit berücksichtigt.

Noch mehr Vielfalt gibts dank der praktischen Grundrezepte zu beliebten Top-Zutaten. Jeweils dreierlei Zubereitungsmöglichkeiten für Süßkartoffel, Rote Bete und Co. und weitere besondere Kreationen machen jede Bowl zu einem individuellen Erlebnis. Die im Rezeptteil eingestreuten Grundrezepte finden Sie farblich abgehoben im Inhaltsverzeichnis.

DIE EINHEIT IN DER VIELFALT

Ein weiterer Punkt, den man berücksichtigen sollte, ist das Zusammenspiel verschiedener Aromen und Texturen: Jede Bowl sollte abwechslungsreich gebaut sein, sodass Frisches und Gekochtes, Rohkost und cremige Saucen, Scharfes, Süßes, Saures und auch mal Bitteres in gutem Verhältnis zueinander stehen. In den Küchen Asiens macht man das häufig fast instinktiv. Aber die Balance verschiedener Geschmacksrichtungen ist auch das Grundprinzip alter Gesundheitslehren wie der traditionellen chinesischen Medizin oder des indischen Ayurveda, die auf Ausgleich von Körper und Geist gleichermaßen zielen. Aber keine Angst, die muss keiner tief studieren: Wer sich öfter eine Bowl gönnt, merkt ganz von selbst, wie gut so eine bunte Mischung tut. Ganz zu schweigen von dem unvergleichlichen Genuss, wenn scharfe Chilibohnen mit cremigem Joghurt-Dip gemildert werden, Nüsse knuspern, ein bisschen Zitrone den Gaumen kitzelt und ihn gleich mit Mangosüße versöhnt. Genießen Sie dieses Ess-Abenteuer!

ETWAS MÜHE, VIEL GEWINN

Zugegeben, Bowls machen etwas Arbeit. Aber dafür hat man auch eine rundum satt machende Mahlzeit, mit dem Wohlfühl-und-Gesund-Plus. Man sollte sich also nicht davon abschrecken lassen, dass oft gleich vier oder fünf Komponenten aufgeführt sind. Wem das wirklich zu stressig ist, der lässt einfach mal eine Komponente weg oder kocht den „Short-Cut", indem er z. B. wie angegeben das Kichererbsen-Curry durch einfache Kichererbsen direkt aus der Dose ersetzt oder, statt Salat mit Dressing anzumachen, einfach klein geschnittene Salatblätter unterhebt. Gleichzeitig sind die Rezepte aber so gebaut, dass man sich seine Bowl ganz gemütlich in zeitlich überschaubarem Rahmen bauen kann. Es gibt z. B. viele Ofengerichte, bei denen die Hauptarbeit der Herd macht, während man selbst in der Zwischenzeit Rohkost schnippelt, den Reis gart oder ein weiteres Gemüse wokt. Und wer dann noch etwas Eingelegtes (s. S. 40) im Kühlschrank hat, ist eh fein raus: Dann geht es noch schneller und bequemer.

Alle Bowl-Rezepte sind für eine Menge von 2 Portionen berechnet

Die Temperaturangaben beziehen sich auf das Backen mit Ober- und Unterhitze

LEGENDE

VEGETARISCH

FLEISCH

VEGAN

FISCH

GESUNDE KOHLENHYDRATE

Sie bilden die Basis jeder Bowl. Denn unser Körper und vor allem unser Gehirn brauchen Kohlenhydrate. Am besten in Form von komplexen Kohlenhydraten, die der Organismus erst nach und nach aufschließen kann und die so unseren Blutzuckerspiegel nur langsam ansteigen lassen – ganz im Gegensatz zu einfachen „schnellen" Kohlenhydraten, wie z. B. Zucker. Dieser gibt zwar einen kurzen Energiekick, lässt uns aber dann schnell ins nächste Hungerloch fallen. Besser sind daher vor allem ballaststoffreiche (Vollwert-)Lebensmittel, die lange satt und zufrieden machen.

IDEALE KOHLENHYDRATE

Neutral und gut: Reis oder Nudeln, noch besser: Vollkornreis, Wildreismischung, Roter Reis

Schnell und unkompliziert: Bulgur, Couscous oder Zartweizen (Ebly®)

Voll und körnig: Hafer, Weizen, Dinkel, Gerste, Quinoa und Amarant (beide glutenfrei)

BLÄTTER UND SALATE

Bringen knackig roh reichlich Vitalstoffe, sorgen für angenehmen Biss und ergänzen gegartes Gemüse perfekt

Klein und fein: Baby-Spinat, Baby-Mangold, Pak Choi, Japanese Greens oder Baby-Leaves – werden alle, meist sogar im Supermarkt, abgepackt im Frischeregal angeboten

Frisch und vitaminreich: Kresse (oder andere Samenzöglinge, die im Kästchen angeboten werden, wie z. B. Radieschen-, Brokkoli-, Rucola-), Sprossen (z. B. Radieschen-, Alfalfa-, Mungobohnen-, Erbsen-; abgepackt im Frischeregal)

Frühlingsfrisch: Postelein und Brunnenkresse (im Bund erhältlich)

Einfach Salat: alle frischen Sorten von Kopfsalat, Lollo rosso, Romanasalat, Feldsalat, Rucola, Radicchio oder Endivie

GEMÜSE & OBST

Liefern je nach Sorte wenig oder mal mehr Kohlenhydrate, dazu aber immer reichlich Vitamine, Mineral- und sekundäre Pflanzenstoffe, die für Gesundheit und Fitness unverzichtbar sind. Roh oder kurz gegart, enthält es am meisten davon. Kohlenhydratreiche Gemüsesorten erkennt man häufig daran, dass sie süßlich schmecken und beim Kochen „mehliger" werden (weil sie mehr Stärke, sprich Kohlenhydrate enthalten).

Frühjahr: Spargel, Möhren, Erbsen, Kohlrabi, Spitzkraut, Radieschen, Spinat, Frühlingszwiebeln

Sommer: Tomaten, Paprika, Gurken, Auberginen, Zucchini, Brokkoli, Blumenkohl, Rettich, Bohnen, Mangold, Fenchel

Herbst: Kürbis, Sellerie, Lauch, Wurzelspinat, Mais

Winter: Rote Bete, Süßkartoffel, Kohl (Rot-, Weiß-, Grün- oder Schwarzkohl, Wirsing, Rosenkohl, Pak Choi)

Außerdem: Pilze (Champignons, Austernpilze, Seitlinge) und „Seegemüse", also (getrocknete) Algen

Schnelle Alternative aus dem Vorratsschrank: eingelegtes Gemüse

GESUNDE EIWEISSE

Eiweiße (oder Proteine) sind wesentlicher Baustoff für Muskeln, Knochen, Gefäße und sogar Blut – ohne sie könnten wir nicht existieren. Wir können sie sowohl aus tierischen wie auch aus pflanzlichen Quellen beziehen. Besonders vorteilhaft ist eine Kombination sich ergänzender Proteine aus beiden Bereichen.

TIERISCHE EIWEISSQUELLEN

Fleisch: Ideal ist Bio-Fleisch von Geflügel wie Huhn oder Pute, Rind oder Lamm.

Fisch: Möglichst zertifizierte, nachhaltig gefischte Fische (auf das MSC-Siegel achten) oder Zuchtfisch – ideal sind fette Fische mit gesunden Omega-Fettsäuren wie Makrele oder Lachs.

Meeresfrüchte: Garnelen, Krabben, Tintenfisch, Muscheln

Eier

Milchprodukte: Käse & Frischkäse, Joghurt, Quark – nicht nur aus Kuh-, sondern auch aus Ziegen- oder Schafsmilch

PFLANZLICHE EIWEISSQUELLEN

Aus Sojaprodukten: Tofu, Tempeh und Misopaste

Aus Hülsenfrüchten: Sojabohnen (getrocknet oder als frische Edamame), Bohnen, Linsen, Erbsen

Nüsse & Saaten

Getreide: Quinoa, Amarant, Buchweizen und Hirse

GESUNDE FETTE

Fett macht in erster Linie nicht dick, sondern sorgt dafür, dass unser Organismus wie geschmiert läuft: Es liefert reichlich Energie, gesunde Fettsäuren und hilft uns, bestimmte Vitamine überhaupt erst verwerten zu können. Speziell Omega-3-Fettsäuren aus bestimmten Saaten, fettem Fisch, Eiern oder Avocado sind beste Medizin und helfen gegen ungesundes Fett in Form von Cholesterin.

GUTE FETTE

Kaltgepresste Öle: Olivenöl, Raps- oder Leinöl

Kokosöl enthält zwar reichlich gesättigtes Fett, allerdings in Form von gesunden MCT-Fettsäuren, die der Körper nicht als Fettzellen speichert.

Oliven

Nüsse & Saaten

Avocados

Fetter Fisch: z. B. Lachs und Makrele

BREAKFAST BOWLS

VEGAN

CHIA-PUDDING-BOWL

ZUTATEN

125 g Himbeeren

⅓ Vanilleschote

350 ml Mandeldrink

4 EL Chia-Samen

125 g Brom- oder Heidelbeeren

3 EL Mandelblättchen

2 EL Kokoschips

2 EL Agavendicksaft (alternativ Ahornsirup)

SO GEHT'S

1 100 g Himbeeren vorsichtig waschen. Vanilleschote längs halbieren, das Mark herauskratzen. Himbeeren und Vanillemark mit dem Mandeldrink pürieren und in ein verschließbares Glas geben. Chia-Samen zugeben und gründlich unterrühren. Nach etwa 10–20 Minuten nochmals gut durchrühren, damit die Samen nicht zusammenklumpen. Das Glas verschließen und die Samen über Nacht im Kühlschrank quellen lassen.

2 Am nächsten Tag die übrigen Himbeeren und Brom- oder Heidelbeeren vorsichtig waschen und trocken tupfen. Mandelblättchen in einer Pfanne ohne Fett rösten, bis sie hell bräunen, dann herausnehmen und abkühlen lassen. Chia-Pudding in Schalen füllen, Beeren, Mandelblättchen und Kokoschips darauf verteilen. Mit Agavendicksaft süßen.

LAZY MORNING

Die Bowl eignet sich auch hervorragend zum Mitnehmen: Die Chia-Samen einfach im Schraubglas mitnehmen, Beeren, Mandeln und Kokoschips separat einpacken und alles dann vor Ort anrichten – so kann man den Tag ganz ohne Stress starten.

VEGETARISCH

APFEL-RÜBLI-BOWL

ZUTATEN

FÜR DAS APFELKOMPOTT

2 kleine Äpfel (ca. 200 g)

1 TL Zitronensaft

¼ Zimtstange

1–2 EL Honig

50 ml Apfelsaft

FÜR DEN MÖHRENSALAT

1 große dicke Möhre

1 EL getrocknete Cranberrys

1 TL Zitronensaft

1 TL Mandelöl (alternativ Sonnenblumenöl)

1 TL Honig

FÜR DEN COUSCOUS

125 g Couscous

Salz

1 TL Butter (alternativ Sonnenblumenöl)

AUSSERDEM

4 EL Haselnussblättchen

½–¾ TL gemahlener Zimt

SO GEHT'S

1 Für das Kompott die Äpfel schälen, vierteln, das Kerngehäuse entfernen und die Apfelviertel klein würfeln. Sofort mit Zitronensaft und den übrigen Zutaten in einem kleinen Topf mischen und erhitzen. Zugedeckt bei schwacher bis mittlerer Hitze 20–25 Minuten garen – die Äpfel nicht vollständig zerkochen lassen. Zimtstange aus dem Apfelmus entfernen.

2 Die Möhre schälen, putzen und grob raspeln. Cranberrys grob hacken. Zitronensaft, Öl und Honig verrühren und mit den Möhren und Cranberrys mischen.

3 Couscous mit 1 Prise Salz in einen kleinen Topf geben und mit 125 ml kochend heißem Wasser übergießen. Bei schwacher Hitze ca. 5 Minuten quellen lassen. Butter oder Öl untermischen und weitere 5 Minuten ausquellen lassen.

4 Inzwischen die Haselnussblättchen in einer Pfanne ohne Fett rösten und abkühlen lassen.

5 Couscous in Schalen verteilen, Kompott und Möhrensalat daraufgeben. Zum Schluss Haselnussblättchen darüberstreuen und alles nach Belieben mit Zimt bestäuben.

VEGETARISCH

JUWELEN-BOWL

ZUTATEN

FÜR DEN QUARK

8 getrocknete Feigen

1 Bio-Orange

1 Sternanis

⅓ Zimtstange

250 g Speisequark (40% Fett)

2 Msp. abgeriebene Bio-Zitronenschale

1 EL flüssiger Honig

2 EL Pistazien

AUSSERDEM

80 g Kleinblatt-Haferflocken

Salz

3 EL Walnusskerne

1 Kaki

3 EL Granatapfelkerne

SO GEHT'S

1 Feigen in Stückchen schneiden. Die Orange waschen, abtrocknen, dann die Schale fein abreiben, den Saft auspressen. Saft mit 2 Messerspitzen Schale und den Gewürzen in einen kleinen Topf geben und aufkochen lassen. Feigen zugeben und alles bei schwacher Hitze 15 Minuten offen köcheln, dann abkühlen lassen und die Gewürze entfernen, lauwarm abkühlen lassen.

2 Quark mit Zitronenschale und Honig glatt verrühren. Pistazien grob hacken und einen großen Teil davon unterrühren.

3 In einem kleinen Topf 450 ml Wasser zum Kochen bringen. Haferflocken einrühren, einmal unter Rühren aufkochen lassen, dann die Hitze reduzieren. Bei schwacher Hitze zugedeckt 10 Minuten ganz leicht köcheln lassen, dabei ab und zu umrühren, damit der Getreidebrei nicht am Topfboden ansetzt. Zuletzt mit etwas Salz abschmecken.

4 Währenddessen die Walnüsse grob hacken. Kaki waschen und quer in Scheiben schneiden, dabei den Stielansatz entfernen.

5 Haferflockenbrei auf Schalen verteilen, Kaki-Scheiben darauflegen, Quark danebensetzen, etwas Feigen samt Sud über Quark und Getreidebrei verteilen und alles und mit den übrigen Pistazien bestreuen. Zum Abschluss mit Granatapfelkernen und Walnüssen toppen.

VEGAN

TROPICAL-COCONUT-BOWL

ZUTATEN

FÜR DEN KOKOSREIS

½ Vanilleschote

400 ml Kokosmilch

180 g Milchreis

2 EL Rohrohrzucker

2–3 EL Limettensaft

FÜR DAS MANGO-KOMPOTT

1 reife Mango (ca. 400 g)

¼ Vanilleschote

2 EL Rohrohrzucker

150 ml frisch gepresster Mandarinensaft

2 EL Limettensaft

AUSSERDEM

½ Papaya

3 EL Kokosraspel

kleine Minzblätter zum Dekorieren

SO GEHT'S

1 Vanilleschote längs aufschlitzen und das Mark herauskratzen. Mark und Schote mit der Kokosmilch in einen Topf geben und aufkochen lassen. Reis und Zucker zugeben und zugedeckt bei schwacher Hitze 20–25 Minuten garen und ausquellen lassen; dabei gegen Ende mit Limettensaft abschmecken. Die Vanilleschote wieder herausnehmen.

2 Währenddessen für das Kompott Mango schälen, Fruchtfleisch schräg vom Stein schneiden und klein würfeln. Vanilleschote längs aufschlitzen, das Mark herauskratzen. Mark und Schote mit Zucker, Mandarinen- und Limettensaft in einen Topf geben und aufkochen. Offen bei schwacher Hitze 15 Minuten köcheln lassen. Dann Mango in den Topf geben und 3–5 Minuten mitköcheln lassen, vom Herd nehmen und lauwarm abkühlen lassen.

3 Papaya schälen, entkernen und in Spalten schneiden. Kokosraspel in einer Pfanne ohne Fett rösten, bis sie duften und zu bräunen beginnen, anschließend abkühlen lassen. Minzeblätter waschen, trocken tupfen und eventuell klein schneiden.

4 Kokosreis auf Schalen verteilen, Mangokompott und Papayaspalten daraufgeben und die Papaya mit Kokosraspeln bestreuen. Zum Schluss mit Minzeblättern garnieren.

VEGAN

BANANA-CHOC-BOWL

ZUTATEN

FÜR DIE SMOOTHIE-CREME

4 Bananen

100–120 ml Mandeldrink

1 ½ EL Erdnussmus

3 TL Kakaopulver

1 EL Kakao-Nibs

FÜR DAS TOPPING

1 EL Kürbiskerne

2 EL Pekannusskerne

1 TL Chia-Samen

1 EL Kakao-Nibs

1 EL Blütenpollen

4 EL Heidelbeeren

2 EL Brombeeren

SO GEHT'S

1. Die Bananen schälen und in Scheiben schneiden. In eine Gefrierbox geben und 4 Stunden oder über Nacht im Gefrierfach durchfrieren lassen.

2. Für das Topping die Kürbiskerne in einer Pfanne rösten, bis sie knistern und duften, dann abkühlen lassen. Pekannüsse grob hacken und mit Kürbiskernen, Chia-Samen, Kakao-Nibs und Blütenpollen mischen. Die Beeren waschen und trocken tupfen.

3. Die gefrorenen Bananenscheiben mit 100 ml Mandeldrink, Erdnussmus, Kakaopulver und -Nibs in den Hochleistungsmixer geben und fein pürieren, dabei eventuell noch etwas Mandeldrink nachgießen.

4. Die Smoothie-Creme in zwei Schalen füllen und mit Beeren und der Nuss-Kürbis-Saaten-Pollen-Mischung bestreuen.

AUSTAUSCHTIPP

Bei dem Topping handelt es sich um einen Vorschlag für eine gut kombinierte, äußerst leckere Mischung mit Gesundheitsplus – wer aber bestimmte Zutaten davon nicht im Haus hat oder mag, kann natürlich austauschen. Prima sind z. B. auch (Gold-)Leinsamen, Hanfsamen, Wal- oder Haselnüsse oder Mandeln.

VEGAN

GREEN-SMOOTHIE-BOWL

ZUTATEN

FÜR DIE SMOOTHIE-CREME

150 g Grünkohlblätter

120 g (Wurzel-)Spinat

3 Saft-Orangen

2 Äpfel

5 getrocknete (Medjool-)Datteln

AUSSERDEM

125 g Himbeeren

6 EL Granola (gekauft oder s. Tipp)

SO GEHT'S

1 Grünkohl und Spinat waschen, putzen und kleiner schneiden. Orangen halbieren und auspressen. Äpfel waschen, halbieren und in Stücke schneiden, dabei das Kerngehäuse entfernen. Die Datteln entsteinen und klein schneiden. Alles in den (Hochleistungs-)Mixer geben und fein pürieren.

2 Smoothie-Creme in Schalen füllen. Beeren säubern oder vorsichtig waschen, trocken tupfen und ebenfalls darauf verteilen. Zum Schluss mit Granola bestreuen.

GRANOLA SELBST GEMACHT

100 g Haselnüsse grob hacken oder halbieren und mit 180 g Flocken (z. B. Dinkel-, Hafer- oder Mehrkornflocken), je 30 g Sesam, Kürbiskernen und Sonnenblumenkernen und 40 g Kokosraspeln mischen. Mit 1 TL gemahlenem Zimt bestreuen. 5 EL flüssigen Honig oder Ahornsirup und 4 EL Sonnenblumenöl darübergeben und alles mit den Händen oder einem Löffel gut mischen, bis die Masse richtig klebrig ist. Auf ein mit Backpapier ausgelegtes Blech geben und gut verteilen. Im 180 °C heißen Ofen (Mitte, Umluft 160 °C) in 20–25 Minuten dunkelbraun backen, dabei eventuell ein- bis zweimal umrühren. Blech aus dem Ofen nehmen und Granola vollständig auskühlen lassen, anschließend in ein verschließbares Glas geben und auf Smoothies, in Müsli oder auf Joghurt verwenden.

VEGAN

PURPLE-SUPERFOOD-BOWL

ZUTATEN

FÜR DIE SMOOTHIE-CREME

1 reife Mango (ca. 380 g)

je 60 g TK-Him- und Brombeeren

100 g TK-Açai-Mark (aus dem Bio-Laden)

Saft von 1 Orange

FÜR DAS TOPPING

125 g Heidelbeeren

1 kleine Banane

2 EL getrocknete Cranberrys

2 EL Goji-Beeren

SO GEHT'S

1. Mango schälen und vom Kern schneiden, das Fruchtfleisch grob würfeln und mit den gefrorenen Beeren in den Blender geben. Açai-Mark in Stücke brechen und mit dem Orangensaft ebenfalls in den Blender geben. Alles fein pürieren.

2. Inzwischen für das Topping Heidelbeeren waschen und trocken tupfen. Banane schälen und in Scheiben schneiden.

3. Smoothie-Creme auf Schalen verteilen. Mit Bananen, Heidelbeeren, Cranberrys und Goji-Beeren garnieren.

AUSTAUSCHTIPP

Anstelle des hier angegebenen Toppings schmeckt auch der selbstgemachte **Nut Crunch (s. S. 33)** auf der Açai-Creme.

VEGAN

NO-SALAD-BOWL

ZUTATEN

FÜR DIE SMOOTHIE-CREME

180 g Bio-Gurke

1 reife Avocado

3 EL Limettensaft

80 g Baby-Spinat

120 g Romanasalat

1 ½ EL Erdnussmus

½ TL gemahlener Kreuzkümmel

Salz, Pfeffer

FÜR DAS TOPPING

50 g Radieschensprossen

125 g bunte Kirschtomaten

je 1 EL schwarzer und weißer Sesam

1 EL Kürbiskerne

1 EL Sonnenblumenkerne

2 Msp. Chiliflocken (nach Belieben)

SO GEHT'S

1. Die Gurke waschen und in Stücke schneiden, Avocado halbieren, den Kern entfernen und das Fruchtfleisch aus der Schale löffeln. Sofort mit Limettensaft mischen und mit der Gurke in den Blender geben. Spinat und Salat waschen, trocken schütteln, verlesen, kleiner schneiden und mit Erdnussmus in den Blender geben. Kreuzkümmel und 180–200 ml Wasser dazugeben und alles fein pürieren. Mit Salz und Pfeffer würzen.

2. Für das Topping Radieschensprossen in ein Sieb geben und kalt abwaschen, abtropfen lassen und mit Küchenpapier trocken tupfen. Tomaten waschen, halbieren oder vierteln, dabei den Stielansatz entfernen. Sesam, Kürbiskerne und Sonnenblumenkerne in einer Pfanne ohne Fett rösten, bis sie knistern und fein duften, anschließend abkühlen lassen.

3. Die Smoothie-Creme auf Schalen verteilen, Tomaten und Sprossen daraufgeben und mit der Kernemischung bestreuen. Nach Belieben mit Chiliflocken garnieren.

AUSTAUSCHTIPP

Anstelle der Saatenmischung lässt sich auch **Dukkah** **(s. S. 32)** prima über die Bowl streuen.

KNUSPRIGES ON TOP

DUKKAH

ZUTATEN

80 g Haselnusskerne
2 EL Pinienkerne
2 EL Sesam
1 EL Kreuzkümmelsamen
2 EL Korianderkörner
½ TL Schwarzkümmelsamen
½ TL grobes Meersalz
¾ TL getrockneter Oregano
2 TL edelsüßes Paprikapulver
½ TL gemahlener schwarzer Pfeffer

SO GEHT'S

1 Den Backofen auf 160 °C (Umluft nicht empfehlenswert) vorheizen. Haselnüsse auf ein Backblech geben und im heißen Ofen (Mitte) in 15–20 Minuten leicht braun rösten, dabei nach 10 Minuten die Pinienkerne mit dazugeben. Herausnehmen und abkühlen lassen.

2 Sesam in einer beschichteten Pfanne ohne Fett rösten, bis er leicht bräunt und knistert, dann herausnehmen. Kreuzkümmel und Koriander anschließend rösten, bis sie duften.

3 Pinienkerne und Sesam im Blitzhacker nicht zu fein zermahlen, anschließend herausnehmen und abkühlen lassen.

4 Haselnüsse zwischen den Händen reiben, bis die Schalen sich ablösen. Dann mit den gerösteten Gewürzen, Schwarzkümmel, Salz und Oregano im Mörser grob zerstoßen und mit Paprikapulver, Pfeffer, Pinienkernen und Sesam mischen.

TIPP

Die ägyptische Gewürzmischung Dukkah wird traditionell zu Fladenbrot gereicht: Man reißt ein Stück ab, taucht es erst in Olivenöl und dann in die Gewürzmischung. Es schmeckt aber auch hervorragend auf Salate, Rohkost und Gemüse in Bowls oder auf Hülsenfrüchte, wie z. B. Kichererbsen, gestreut.

SPICY GRANOLA

ZUTATEN

200 g gehäutete Mandeln
100 g Cashewkerne
100 g Pekannusskerne
50 g Sonnenblumenkerne
1 EL Honig
1 EL Rohrohrzucker
1 ½ EL Sonnenblumenöl
¾ TL Meersalz
1 TL Garam Masala
⅓ TL Chilipulver

SO GEHT'S

1 Den Backofen auf 180 °C (Umluft 160 °C) vorheizen. Die Mandeln und Kerne auf ein mit Backpapier ausgelegtes Blech geben und ca. 5 Minuten im Ofen (Mitte) rösten. Honig, Zucker und Öl in eine beschichte Pfanne geben und bei mittlerer Hitze unter Rühren erhitzen. Salz und Gewürze unterrühren.

2 Nüsse aus dem Ofen nehmen und in die Gewürzmischung geben. Durchrühren, bis die Nüsse schön gleichmäßig mit der Masse überzogen sind. Wieder auf das Blech geben und im heißen Ofen (Mitte) weitere 10 Minuten rösten. Herausnehmen und abkühlen lassen, dann in ein luftdichtes Glas füllen.

TIPP

Die Nüsse sind ganz oder grob gehackt ein tolles Sprinkle für Bowls, eignen sich aber auch einfach so als Knabberei.

NUT CRUNCH

ZUTATEN

70 g Mandeln
50 g Haselnusskerne
50 g Walnusskerne
2 EL Hanfsamen
2 EL Chia-Samen
2 EL Kakao-Nibs
6 getrocknete Datteln
¾ TL Lebkuchengewürz

SO GEHT'S

1 Den Backofen auf 160 °C vorheizen, Mandeln und Haselnüsse auf ein Backblech geben und in 15–20 Minuten leicht braun rösten, dabei nach 10 Minuten die Walnüsse zugeben. Alles herausnehmen und abkühlen lassen.

2 Haselnüsse zwischen den Händen reiben, bis die Schalen sich ablösen. Dann alle Nüsse im Blitzhacker oder mit dem Messer grob hacken und mit Hanf-, Chia-Samen und Kakao-Nibs mischen. Datteln entkernen und sehr fein hacken, mit Lebkuchengewürz bestreuen und das Gewürz leicht andrücken, dann die Datteln mit der Nussmischung mischen. In einem gut verschließbaren Glas aufbewahren und zu (Smoothie-)Bowls, Getreidebrei, Müsli oder Obstsalat servieren.

VEGETARISCH

MEDITERRANE TOMATEN-BOWL

ZUTATEN

FÜR DIE TOMATEN

400 g bunte Kirschtomaten

3 Stängel Basilikum

1 ½ EL Olivenöl

Meersalz, Pfeffer

FÜR DEN ZITRONEN-RICOTTA

½ Bio-Zitrone

3 Zweige Thymian

2 Stängel Basilikum

250 g cremiger Ricotta

Salz, Pfeffer

2 EL Olivenöl

AUSSERDEM

100 g Hirse

1 Bund Rucola

2 EL geröstete, gesalzene Mandeln

SO GEHT'S

1 Die Hirse nach Packungsangabe garen und ausquellen lassen. Inzwischen Rucola waschen, trocken schütteln, grobe Stiele wegschneiden, die Blätter klein zupfen. Mandeln grob hacken.

2 Für den Zitronen-Ricotta die Zitrone waschen, abtrocknen und die Schale fein abreiben, den Saft auspressen. Thymian und Basilikum waschen und trocken schütteln, Blättchen abzupfen und fein hacken. 3 Messerspitzen Zitronenschale, 2 EL Zitronensaft, die Kräuter und Ricotta verrühren. Mit Salz und Pfeffer würzen.

3 Tomaten waschen und abtrocknen. Basilikum waschen, trocken schütteln, Blätter abzupfen und in Streifen schneiden. Olivenöl in einer beschichteten Pfanne erhitzen, darin die Tomaten bei starker Hitze ca. 3 Minuten anbraten, bis sie aufzuplatzen beginnen und dunkle Flecke bekommen. Mit Salz und Pfeffer würzen, Basilikum untermischen.

4 Hirse auf Schalen verteilen, darauf Rucola und die Tomaten geben und einen dicken Klecks Zitronen-Ricotta dazugeben. Ricotta mit Olivenöl beträufeln. Alles mit Mandeln bestreuen.

EASY BOWLS

VEGETARISCH

FRÜHLINGS-BOWL

ZUTATEN

FÜR DEN SPARGEL

300 g grüner Spargel

2 EL Olivenöl

abgeriebene Schale von ⅓ Bio-Zitrone

Zucker

FÜR DIE ERBSEN

3 Frühlingszwiebeln

1 EL Olivenöl

200 g TK-Erbsen

100 ml Gemüsebrühe

1 Zweig Estragon

1–2 Spritzer Zitronensaft

FÜR DAS TOPPING

1 EL (Apfel-) Essig

2 frische Eier

1 Handvoll Postelein (Winterportulak; alternativ Baby-Spinat)

8 Radieschen oder **Rosa-Radieschen-Pickles** **(s. S. 40)**

AUSSERDEM

150 g Rote Quinoa

Salz, Pfeffer

SO GEHT'S

1 Den Backofen auf 200 °C (Umluft 180 °C) vorheizen. Spargel waschen, holzige Enden abschneiden oder schälen. Sehr dicke Stangen eventuell halbieren. Spargelstangen nebeneinander auf einen Bogen Alufolie legen. Spargel mit Olivenöl beträufeln, mit Zitronenschale, Salz, Pfeffer und 3 Prisen Zucker bestreuen. Die Alufolie über dem Spargel zu einem Päckchen fest verschließen und auf ein Backblech legen. Im heißen Ofen (Mitte) ca. 30 Minuten garen.

2 Inzwischen die Quinoa in einem Sieb mit kochend heißem Wasser abbrausen. 300 ml Wasser aufkochen, salzen, Quinoa hineingeben und zugedeckt 25 Minuten bei schwacher Hitze garen. Postelein waschen, verlesen und trocken schleudern. Radieschen waschen, putzen und in Scheiben schneiden.

3 Gleichzeitig für die Erbsen Frühlingszwiebeln waschen, putzen und den grünen und weißen Teil getrennt in Ringe schneiden. Olivenöl erhitzen, darin die weißen Zwiebelringe anbraten. Die Erbsen zugeben, Brühe angießen und mit Salz und Pfeffer würzen. Zugedeckt bei mittlerer Hitze 20 Minuten garen. Estragon waschen und fein hacken, am Ende mit dem Zwiebelgrün unter die Erbsen rühren und mit Zitronensaft abschmecken.

4 Für die Eier in einem Topf 1,5 l Wasser mit 1 EL Essig aufkochen. Je 1 Ei aufschlagen und vorsichtig in eine Tasse geben. Hitze reduzieren und die Eier nacheinander vorsichtig in das simmernde Wasser gleiten lassen. Bei schwacher Hitze 4–5 Minuten garen und mit einem Schaumlöffel herausheben.

5 Quinoa in Schalen verteilen. Darauf den Spargel samt Garsud, Erbsen-Zwiebel-Gemüse, Postelein und Radieschen oder Radieschen-Pickles geben. Die Eier ebenfalls daraufsetzen, leicht salzen und pfeffern und servieren.

PICKLES

JAPAN-PICKLES

ZUTATEN

1 Möhre

100 g weißer Rettich

100 g Bio-Gurke

1 Stück Ingwer (10 g)

2–3 Msp. Chiliflocken

¾ TL Salz

½ TL Zucker

2 EL Reisessig (alternativ Weißweinessig)

SO GEHT'S

1 Möhre und Rettich schälen und in feine Stifte (Julienne) schneiden oder hobeln. Gurke waschen, längs in dünne Scheiben schneiden, diese längs in schmale Streifen, dabei den inneren weichen Teil mit Kernen entfernen und wegwerfen. Ingwer schälen und fein würfeln.

2 Alles mit Chiliflocken, Salz, Zucker und Essig in eine Schüssel geben und mit den Händen kneten. Einen Teller auf das Gemüse legen und es damit zusammendrücken, dann eine schwere Konservendose daraufstellen und das Gemüse mindestens 12 Stunden durchziehen lassen. Vor dem Servieren durchmischen und abtropfen lassen, Reste in ein verschließbares Glas füllen, das Gemüse hält sich im Kühlschrank weitere 2–3 Tage.

ROSA RADIESCHEN

ZUTATEN

150 ml Weißweinessig (alternativ Apfelessig)

2 EL Zucker

¾ TL Salz

1 Stück Rote Bete (vakuumiert)

je ½ TL gelbe Senf- und weiße Pfefferkörner

200 g Radieschen

SO GEHT'S

1 Essig und Zucker unter Rühren erhitzen, bis sich der Zucker aufgelöst hat. Rote Bete halbieren oder vierteln. Salz, Senfkörner und Rote Bete zugeben und die Mischung abkühlen lassen.

2 Radieschen waschen und in dünne Scheiben schneiden. In ein sauberes Schraubglas füllen, die Essigmischung samt Roter Bete (für die Farbe!) darübergießen. Das Glas leicht auf die Unterfläche stoßen, sodass sämtliche Luftblasen entweichen, dann verschließen. Die Radieschen nun mindestens 1 Woche durchziehen lassen, sie halten sich ungeöffnet 6 Monate.

EINGELEGTE ZWIEBELRINGE

ZUTATEN

1 rote Zwiebel
½ TL Rohrohrzucker
½ TL Meersalz
180 ml Weißweinessig
¼ TL schwarze Pfefferkörner
5 Wacholderbeeren
2 Zweige Thymian

SO GEHT'S

1 Die Zwiebel schälen und in Ringe schneiden. In einem kleinen Topf 300 ml Wasser aufkochen. Vom Herd nehmen, die Zwiebelringe ins heiße Wasser geben. Anschließend sofort wieder abgießen und abtropfen lassen.

2 Inzwischen Zucker, Salz und Essig mit den Gewürzen unter Rühren erhitzen, bis der Zucker sich aufgelöst hat. Lauwarm abkühlen lassen. Thymian waschen und trocken schütteln, mit den Zwiebeln in ein Glas füllen und die Essigmischung darübergießen. Glas verschließen und abkühlen lassen. Die Zwiebelringe 1 Tag ziehen lassen. Im Kühlschrank aufbewahrt, halten sie im Glas verschlossen mehrere Wochen.

VEGETARISCH

SOMMER-BOWL

ZUTATEN

FÜR DIE SALSA

1 große Fleischtomate

2 Stängel Basilikum

½ Knoblauchzehe

1 TL Aceto balsamico

FÜR DIE MANDELSAUCE

50 ml Gemüsebrühe

40 g getrocknete, in Öl eingelegte Tomaten

20 g Mandelmus

Chiliflocken

FÜR DAS GEMÜSE

1 Zucchini

je 1 gelbe und rote Paprika

½ Knoblauchzehe

6 Zweige Thymian

2–4 EL Olivenöl

AUSSERDEM

160 g Fregola (alternativ Kritharaki-Reisnudeln oder kleine Hartweizennudeln, z. B. Hörnchen)

6 Kugeln Mini-Mozzarella

2 EL kleine schwarze Oliven

2 EL Kapernäpfel

Salz, Pfeffer

SO GEHT'S

1 Für die Salsa Tomate waschen und klein würfeln, dabei den Stielansatz entfernen. Basilikum waschen, trocken schütteln, Blättchen abzupfen und grob zerkleinern. Knoblauch schälen und fein hacken. Alles mischen, mit Salz, Pfeffer und Aceto balsamico würzen und durchziehen lassen. Mozzarella trocken tupfen und halbieren oder vierteln.

2 Währenddessen für die Mandelsauce Gemüsebrühe erhitzen, getrocknete Tomaten grob zerschneiden und mit Gemüsebrühe und Mandelmus fein pürieren. Mit Salz, Pfeffer und Chiliflocken pikant abschmecken.

3 Zucchini waschen, putzen, längs vierteln und in Stücke schneiden. Paprika halbieren, putzen, waschen und in Würfelchen schneiden. Knoblauch schälen und fein würfeln, Thymian waschen, Blättchen abzupfen und fein hacken. Die Fregola nach Packungsanweisung in Salzwasser garen und abgießen.

4 In einer beschichteten Pfanne 3 EL Olivenöl erhitzen. Darin Zucchini, je die Hälfte Knoblauch und Thymian unter Rühren braten, bis er leicht gebräunt ist, salzen, pfeffern und herausnehmen. Etwas Öl in die Pfanne geben, wieder heiß werden lassen. Darin Paprika, übrigen Knoblauch und Thymian unter Rühren 8–10 Minuten braten und herausnehmen.

5 Fregola in Schüsseln verteilen, darauf Paprika und Zucchini geben, die Mandelsauce danebensetzen. Die halbierten Mozzarella-Kugeln danebenlegen und Tomatensalsa darübergeben. Mit Oliven und Kapernäpfeln garnieren.

VEGETARISCH

HERBST-BOWL

ZUTATEN

FÜR DIE LINSEN

50 g Lauch

2 EL Olivenöl

1 EL Tomatenmark

120 g Berglinsen

260 ml Gemüsebrühe

4 Zweige Thymian

1 EL Olivenöl

1–2 TL Aceto balsamico

FÜR DEN KÜRBIS

400 g Hokkaido-Kürbis

3 Zweige Thymian

½ Knoblauchzehe

1 EL Olivenöl

AUSSERDEM

Rote Bete aus dem Ofen (s. S. 46) oder s. Tipp

1 große Handvoll Rucola

100 g Schafskäse (Feta)

Salz, Pfeffer

SO GEHT'S

1 Die Rote Bete, wie auf S. 46 beschrieben, zubereiten.

2 Inzwischen für die Linsen den Lauch putzen, waschen, längs in feine Streifen und diese in feine Stücke schneiden. Olivenöl in einem Topf erhitzen, darin den Lauch goldbraun andünsten. Tomatenmark und Linsen zugeben und unter Rühren kurz anrösten, dann mit Brühe ablöschen. Thymian waschen und dazugeben. Die Linsen kurz aufkochen, dann bei schwacher Hitze 30–40 Minuten garen. Gegen Kochzeitende mit Aceto balsamico, Salz und Pfeffer würzen.

3 Kürbis waschen, Kerne und Fasern entfernen und das Fruchtfleisch in schmale Spalten schneiden. Thymian waschen, trocken schütteln, Blättchen abzupfen und fein hacken. Knoblauch schälen und fein würfeln. Beides mit Olivenöl verrühren, Kürbis damit bestreichen, salzen und pfeffern. Kürbis zu den Roten Beten auf das Blech legen und die letzten 20 Minuten mitgaren.

4 Rucola waschen, verlesen und trocken schleudern. Schafskäse grob zerbröckeln. Rote Beten und Kürbis aus dem Ofen nehmen und kurz abkühlen lassen. Linsen in Schalen geben, Gemüse, Rucola und Schafkäse darauf verteilen und servieren.

AUSTAUSCHTIPP

Wer möchte, kann die Beten auch einfach nur schälen, in dünne Scheiben hobeln, mit 2 EL Olivenöl, Salz und Pfeffer mischen und als Rohkost auf der Bowl anrichten. Auch die **Rote-Bete-Pickles (s. S. 47)** passen gut dazu.

ROTE BETE

MIT KOKOS

ZUTATEN

2 EL Kokosraspel

2 kleine Rote Beten (ca. 180 g)

1 Schalotte

1 EL Kokosöl

¼ TL gemahlener Kreuzkümmel

Salz, Pfeffer

Chiliflocken

SO GEHT'S

1 Kokosraspel mit 5 EL kochend heißem Wasser übergießen, kurz ziehen lassen. Rote Beten schälen (Achtung, sie färben!) und grob raspeln. Schalotte schälen und fein würfeln.

2 Kokosöl in einer Pfanne erhitzen, darin Schalotte und Kreuzkümmel goldgelb andünsten. Rote Bete zugeben und unter Rühren 2–3 Minuten braten. Mit Salz, Pfeffer und Chiliflocken würzen. Kokosraspel samt Wasser zugeben und alles zugedeckt 7–8 Minuten garen, die Flüssigkeit sollte dabei vollständig verdunsten.

TIPP

Wer mag, nimmt anstelle von Kokosraspeln 2–3 EL geraspelte frische Kokosnuss (diese müssen nicht eingeweicht werden) – das schmeckt superintensiv!

AUS DEM OFEN

ZUTATEN

3 Bunte Beten (rot, gelb, geringelt; à ca. 100 g)

4 Zweige Thymian

½ Knoblauchzehe

1 EL Olivenöl

Salz, Pfeffer

SO GEHT'S

1 Backofen auf 200 °C (Umluft 180 °C) vorheizen. Die Beten schälen (Gummihandschuhe tragen!) und in 6 Spalten schneiden. Thymian waschen, trocken schütteln, Blättchen abzupfen und grob hacken. Knoblauch schälen und in Scheiben schneiden.

2 Alles mit Olivenöl vermengen, salzen, pfeffern und auf Backpapier legen. Das Papier zu einem Päckchen falten, das möglichst dicht verschlossen ist. Auf ein Backblech legen und im heißen Ofen (Mitte) 35–45 Minuten garen.

SCHNELLE PICKLES

ZUTATEN

1 Schalotte
100 ml Rotweinessig
2 ½ EL Zucker
½ TL Korianderkörner
2 Zweige Thymian
2 Rote Beten (à ca. 120 g)
Salz, Pfeffer
1 EL Olivenöl

SO GEHT'S

1 Die Schalotte schälen und in feine Ringe schneiden. Essig mit 4 EL Wasser, Zucker, Korianderkörnern in einen Topf geben und aufkochen lassen. Thymian und Schalotte zugeben und bei schwacher Hitze zugedeckt 10 Minuten köcheln lassen.

2 Inzwischen Beteknollen mit dem Sparschäler schälen, dann putzen und in möglichst feine Scheiben hobeln (dazu Gummihandschuhe tragen, sie färben!).

3 Den Würzessig mit Salz und Pfeffer abschmecken und die Hälfte der Roten Beten einlegen und 1–2 Minuten bei schwacher Hitze ziehen lassen. Beten herausheben, abtropfen lassen und die zweite Portion einlegen, ebenfalls 2 Minuten ziehen lassen. Dann die andere Hälfte wieder in den Topf geben, vom Herd nehmen und 1–2 Stunden zugedeckt darin abkühlen lassen.

4 Abgekühlte Beten herausnehmen, gut abtropfen lassen, mit etwas Salz und Pfeffer würzen und vor dem Servieren mit dem Olivenöl mischen.

VEGAN

WINTER-BOWL

ZUTATEN

FÜR DAS OFENGEMÜSE

1 Möhre

1 Pastinake (ca. 100 g)

2 kleine Rote Beten

200 g Lauch

1 rote Zwiebel

1 Knoblauchzehe

1 Zweig Rosmarin

1 Bio-Orange

2 EL Olivenöl

3 Msp. Chiliflocken

125 ml Gemüsebrühe

FÜR DAS TOPPING

125 g Räuchertofu

Orangen-Grünkohl (s. S. 107) oder s. Tipp

AUSSERDEM

250 ml Gemüsebrühe

125 g Hirse

Salz, Pfeffer

SO GEHT'S

1 Den Backofen auf 190 °C (Umluft 175 °C) vorheizen. Das gesamte Gemüse waschen und putzen, Möhre und Pastinake schälen. Möhre schräg in 3 mm dicke Scheiben, Pastinake in 1 cm dicke Stifte, Rote Beten in Achtel und Lauch in 2 cm dicke Ringe schneiden. Zwiebel und Knoblauch schälen, die Zwiebel längs in Achtel schneiden, den Knoblauch in feine Scheiben. Rosmarin waschen, trocken schütteln, Nadeln abzupfen und hacken. Die Orange heiß waschen, abtrocknen, von einer Hälfte die Schale abreiben und den Saft auspressen. Gemüse mit Rosmarin und Orangenschale auf ein (tiefes) Backblech geben.

2 Orangensaft, Olivenöl und Chiliflocken verrühren, zum Gemüse geben und alles gründlich miteinander vermengen, salzen und pfeffern. Im heißen Ofen (Mitte) 35–45 Minuten garen, dabei nach 15 Minuten die Brühe zugießen und während des Garens ein- bis zweimal mit einem Löffel durchmischen.

3 Währenddessen für die Hirse Gemüsebrühe aufkochen, Hirse zugeben, eventuell noch leicht salzen und zugedeckt bei schwacher Hitze 25–30 Minuten köcheln bzw. gegen Ende ausquellen lassen. Den Tofu in schmale Scheiben schneiden.

4 Hirse in Schalen verteilen, das Ofengemüse, Orangen-Grünkohl und Tofu darauf verteilen und servieren.

AUSTAUSCHTIPP

Wer möchte, kann den Grünkohl auch nur klein zupfen und mit 3 EL Orangensaft und etwas Salz mit den Händen durchkneten und 30 Minuten ziehen lassen. Mit Salz und Pfeffer abschmecken.

VEGETARISCH

SPINAT-HUMMUS-BOWL

ZUTATEN

FÜR DIE ZUCCHINI

2 kleine Zucchini

3 EL Olivenöl

FÜR DEN SPINAT

300 g Spinat

1 EL Olivenöl

1 EL Pinienkerne

1 EL getrocknete Berberitzen (alternativ getrocknete Sauerkirschen)

FÜR DAS TOPPING

1 Bio-Mini-Gurke

2 Tomaten

1 rote Spitzpaprika

100 g Schafskäse (Feta)

Hummus (s. S. 52)

AUSSERDEM

160 g Bulgur

Salz, Pfeffer

½ Zitrone

SO GEHT'S

1 Bulgur nach Packungsangabe garen, ausquellen lassen und eventuell warm halten. Inzwischen die Zucchini waschen, putzen und längs in ca. 4 mm dicke Scheiben schneiden. Salzen, in ein Sieb geben und Wasser ziehen lassen.

2 Gurke waschen und in Scheiben schneiden, Tomaten waschen und quer in Scheiben schneiden, Spitzpaprika waschen und in Ringe schneiden, dabei Samen und inneren Teil entfernen. Die Zitrone in Spalten schneiden, den Schafskäse würfeln.

3 Spinat waschen und verlesen. Olivenöl und Pinienkerne in einen Topf geben und unter Rühren erhitzen, bis die Pinienkerne leicht bräunen. Pinienkerne herausnehmen. Berberitzen und tropfnassen Spinat in den Topf geben und bei mittlerer Hitze zusammenfallen lassen, salzen, pfeffern und die Pinienkerne unterrühren. Vom Herd nehmen und zugedeckt warm halten.

4 Zucchini trocken tupfen, mit Olivenöl bestreichen und pfeffern. Eine Grillpfanne stark erhitzen, darauf die Zucchinischeiben portionsweise 2–4 Minuten pro Seite braten.

5 Bulgur auf Schalen verteilen, darauf Gurke, Tomate, Paprika und Schafskäse geben, daneben Spinat, Hummus und die Grillzucchini platzieren. Zitronenschnitze zum Beträufeln dazulegen.

KICHERERBSEN

HUMMUS

ZUTATEN

- 1 Dose Kichererbsen (400 g Füllgewicht)
- 1 Knoblauchzehe
- 1 ½ EL Tahin (Sesammus)
- Saft von ½ Zitrone
- 3–4 EL Olivenöl
- ¾ TL gemahlener Kreuzkümmel
- je 3 Msp. Chilipulver und gemahlene Kurkuma
- Salz, Pfeffer

SO GEHT'S

Kichererbsen in ein Sieb abgießen, dabei die Einlegeflüssigkeit auffangen. Knoblauch schälen und fein hacken. In ein hohes Rührgefäß geben und mit den Kichererbsen, Tahin, Zitronensaft und Öl mit dem Pürierstab fein pürieren, dabei so viel von dem Einweichwasser zugeben, bis die gewünschte Konsistenz erreicht ist. Mit den Gewürzen, Salz und Pfeffer würzen.

GERÖSTET

ZUTATEN

- 1 Dose Kichererbsen (400 g Füllgewicht)
- 1 Knoblauchzehe
- 2 EL Olivenöl
- 1 TL gemahlener Kreuzkümmel
- ½ TL gemahlener Koriander
- ¼ TL gemahlene Kurkuma
- 3–4 Msp. Chilipulver
- Salz

SO GEHT'S

1 Den Backofen auf 200 °C (Umluft 180 °C) vorheizen. Die Kichererbsen in ein Sieb abgießen, mit kaltem Wasser abbrausen und abtropfen lassen. Den Knoblauch schälen und zum Öl in eine Schüssel pressen, Gewürze unterrühren und mit Salz würzen.

2 Kichererbsen zugeben, gut mit dem Würzöl mischen und auf ein mit Backpapier ausgelegtes Blech geben und verteilen. Im heißen Ofen (Mitte) 30–40 Minuten rösten, bis sie knusprig sind, dabei mehrmals zwischendurch durchrühren.

TIPP

Je nach Gericht, kann man die Kichererbsen auch nur 20–25 Minuten rösten, bis die Würzmasse und die äußere Hülle angetrocknet sind, die Erbsen innen aber noch schön weich sind.

SCHNELLES CHANA-DAL

ZUTATEN

1 kleine Zwiebel, 1 Knoblauchzehe

1 Stück Ingwer (10 g)

2 EL Kokos- oder Sonnenblumenöl

1 Tomate

1 TL indische Currypaste (aus dem Glas)

1 TL Tomatenmark

1 Dose Kichererbsen (400 g Füllgewicht)

Salz, Pfeffer

½ TL Garam Masala

2 EL gehacktes Koriandergrün

SO GEHT'S

1 Zwiebel, Knoblauch und Ingwer schälen und getrennt fein würfeln. Kokosöl in einem Topf erhitzen, darin die Zwiebel bei schwacher Hitze langsam goldgelb und weich dünsten. Inzwischen die Tomate waschen und in kleine Würfel schneiden, dabei den Stielansatz entfernen.

2 Knoblauch und Ingwer zur Zwiebel geben und kurz mitdünsten. Currypaste und Tomatenmark zugeben und unter Rühren kurz anrösten. Tomate zugeben und unter Rühren andünsten, bis alle Flüssigkeit verdunstet ist. Kichererbsen samt Einlegewasser zugeben, salzen, pfeffern und alles zugedeckt bei mittlerer Hitze 10 Minuten garen. Dann eventuell noch 5 Minuten offen garen, damit Flüssigkeit verdunsten kann.

3 Garam Masala unterrühren, nochmals mit Salz und Pfeffer abschmecken und das Koriandergrün unterrühren bzw. einen Teil davon aufstreuen.

VEGAN

RATZFATZ-HIRSE-BOWL

ZUTATEN

FÜR DIE CASHEWCREME

100 g Cashewkerne

1 kleine Zwiebel

3 Zweige Thymian

1 EL Olivenöl

½ TL gemahlener Kreuzkümmel

½ TL Hefeflocken (nach Belieben)

FÜR DIE HIRSE

250 ml Gemüsebrühe

125 g Hirse

FÜR DAS GEMÜSE

2 kleine Möhren

1 Kohlrabi

1 kleiner Romanesco (ca. 300 g)

AUSSERDEM

1 Dose Kichererbsen (400 g Füllgewicht)

Salz, Pfeffer

SO GEHT'S

1 Für die Creme Cashewkerne mindestens 4 Stunden (oder über Nacht) in kaltem Wasser einweichen. Am nächsten Morgen in ein Sieb abgießen und kalt abbrausen. Zwiebel schälen und fein würfeln, Thymian waschen, trocken schütteln, Blättchen abzupfen und fein hacken. Öl in einem Pfännchen erhitzen, darin die Zwiebel bei schwacher Hitze goldbraun braten. Am Ende Thymian unterrühren und kurz mitbraten. Zwiebelmischung zu den Cashewkernen geben und mit 5–7 EL Wasser (je nach gewünschter Konsistenz) pürieren. Mit Salz, Pfeffer, Kreuzkümmel und nach Wunsch Hefeflocken würzen.

2 Für die Hirse Gemüsebrühe aufkochen, Hirse zugeben, eventuell noch leicht salzen und zugedeckt bei schwacher Hitze 25–30 Minuten köcheln bzw. gegen Ende ausquellen lassen.

3 Inzwischen Gemüse waschen, putzen, Möhren und Kohlrabi schälen. Romanesco in Röschen brechen, Möhren in Scheiben schneiden und Kohlrabi in Stifte. Die einzelnen Gemüse nebeneinander auf einen Dämpfeinsatz oder in einen Dämpfkorb geben und in einem Topf über wenig Wasser ca. 20 Minuten garen, dabei nach ca. 5 Minuten salzen.

4 Kichererbsen in ein Sieb abgießen, kalt abbrausen und abtropfen lassen. Hirse auf Schalen verteilen und Kichererbsen und Dämpfgemüse darauf verteilen. Cashewcreme dazugeben.

VEGAN

OTSU-BOWL

ZUTATEN

FÜR DAS DRESSING

½ Bio-Limette

1 Stück Ingwer (10 g)

3 EL Reisessig (alternativ Weißweinessig)

4 EL Sojasauce (alternativ Tamari)

½ TL Ahornsirup

2 EL geröstetes Sesamöl

2–3 Msp. Chiliflocken

FÜR DAS TOPPING

1 Bio-Mini-Gurke

6 Blätter Romanasalat

⅓ Bund Koriandergrün

2 Frühlingszwiebeln

2 EL schwarzer und weißer Sesam

AUSSERDEM

Ofen-Tofu (s. S. 117)

150 g Soba-Nudeln

Salz

SO GEHT'S

1 Den Ofen-Tofu, wie auf S. 117 beschrieben, zubereiten. Inzwischen für das Dressing die Limette heiß waschen, abtrocknen, die Schale abreiben und den Saft auspressen. Ingwer schälen und fein reiben oder winzig klein würfeln. Limettenschale und Ingwer mit den übrigen Zutaten gründlich verrühren, mit 3–4 EL Limettensaft und Salz kräftig säuerlich abschmecken und ziehen lassen.

2 Soba-Nudeln nach Packungsangabe garen, in ein Sieb abgießen und kalt abbrausen, anschließend gut abtropfen lassen. Gurke waschen, längs vierteln und in kleine Stücke schneiden. Romanasalat waschen, trocken schütteln und die Blätter quer in Streifen schneiden. Koriandergrün waschen, trocken schütteln, Blättchen abzupfen und grob hacken. Frühlingszwiebeln putzen, waschen und mit dem Grün in feine Ringe schneiden.

3 Die Nudeln in einer Salatschüssel mit Gurke, Salat, Koriandergrün und Zwiebelringen (ein wenig von beidem zurückbehalten) und dem Dressing mischen. Tofu auf die Nudeln geben und mit den beiseitegelegten Zwiebelringen, Koriandergrün und Sesam bestreuen. Vor dem Essen alles gut durchmischen.

TIPP

Das ist Nudelsalat auf japanische Art: Glutenfreie Buchweizennudeln, leichter Tofu, erfrischende Gurke und viel Kräutergrün machen ihn zu einem idealen Sommeressen!

VEGETARISCH

KOREANISCHE REISSCHALE

ZUTATEN

FÜR DAS OMELETT

2 Frühlingszwiebeln

4 Eier

1 TL Instant-Gemüsebrühe

1 EL Sojasauce (alternativ Tamari)

3 EL Sonnenblumenöl

2 Nori-Algenblätter

FÜR DEN SPINAT

300 g Spinat

1 Knoblauchzehe

1 EL Sesam

1 TL Sonnenblumenöl

1–2 TL geröstetes Sesamöl

FÜR DAS TOPPING

1 dicke Möhre

200 g weißer Rettich

2 Frühlingszwiebeln

AUSSERDEM

150 g Sushi-Reis (s. S. 79)

Salz, Pfeffer

Chiliflocken zum Bestreuen

SO GEHT'S

1 Den Sushi-Reis, wie auf S. 79 beschrieben, zubereiten. Inzwischen Möhre und Rettich schälen. Die Möhre mit dem Sparschäler in Spalten (Julienne) abziehen, den Rettich in feine Stifte schneiden. Frühlingszwiebeln putzen, waschen und ebenfalls in feine Streifen schneiden.

2 Den Spinat waschen, verlesen und gut abtropfen lassen. Knoblauch schälen und fein hacken. Sesam in einem Topf rösten, bis er duftet, dann herausnehmen. Sonnenblumenöl in den Topf geben, darin den Knoblauch andünsten. Spinat tropfnass zugeben, salzen, pfeffern und bei starker Hitze zusammenfallen lassen. In ein Sieb geben, abtropfen lassen, eventuell etwas ausdrücken und mit Sesamöl mischen.

3 Für das Omelett die Frühlingszwiebeln putzen, waschen längs samt Grün in feine Streifen und diese in möglichst kleine Stücke schneiden. Mit den Eiern, dem Brühepulver, 2 EL Wasser und Sojasauce in einer Schüssel verrühren und leicht salzen und pfeffern. Die Hälfte des Öls in einer Pfanne erhitzen, die Hälfte der Eiermischung hineingeben und bei schwacher Hitze garen, bis sie leicht gestockt, aber noch feucht ist. Ein Algenblatt auflegen, leicht festdrücken und das Omelett von einer Seite zur anderen aufrollen, dabei immer gut andrücken. Aus der Pfanne nehmen und das zweite Omelett ebenso braten. Etwas abkühlen lassen, dann die Rolle quer in Scheiben schneiden.

4 Reis auf Schalen verteilen. Omelettschnecken auflegen. Spinat dazugeben, mit Sesam bestreuen und Rettich und Möhren daneben verteilen. Lauchzwiebelstreifen dazugeben und nach Wunsch mit Chiliflocken bestreuen.

AUSTAUSCHTIPP

Wer will, genehmigt sich dazu statt Rettich- und Möhrenrohkost die **Japan-Pickles (s. S. 40).**

VEGAN

INDIAN DAL-BOWL

ZUTATEN

FÜR DAS DAL

1 Zwiebel

1 Stück Ingwer (10 g)

2 Tomaten

1 EL Kokosöl

⅓ TL Kreuzkümmelsamen

1 TL Currypulver

100 g rote Linsen

150 ml Kokosmilch

150 ml Gemüsebrühe

1–2 Spritzer Limettensaft

FÜR DEN BLUMENKOHL

1 kleiner Blumenkohl (ca. 400 g)

Kokosöl zum Braten

½ TL Kreuzkümmelsamen

1 ½ TL gemahlener Koriander

1 TL gemahlener Kreuzkümmel

½ TL gemahlene Kurkuma

¼ TL Chilipulver

AUSSERDEM

150 g (Basmati-)Reis

1 Handvoll Baby-Spinat

1 EL gehacktes Koriandergrün (nach Belieben)

Salz

SO GEHT'S

1 Für das Dal Zwiebel und Ingwer schälen und klein würfeln. Die Tomaten waschen und klein würfeln, dabei den Stielansatz entfernen. Kokosöl in einem Topf erhitzen, darin Zwiebel, Ingwer, Tomaten und Kreuzkümmelsamen bei mittlerer Hitze braten, bis die Zwiebel hell bräunt. Currypulver und Linsen zugeben, kurz mitrösten, dann mit Kokosmilch und Gemüsebrühe aufgießen und bei mittlerer Hitze zugedeckt 20–25 Minuten garen.

2 Gleichzeitig den Reis nach Packungsangabe zubereiten. Den Blumenkohl waschen, putzen und in Röschen brechen. Diese etwas kleiner schneiden, auf einen Dämpfeinsatz oder einen Dämpfkorb geben und salzen. Dämpfeinsatz in einen Topf mit wenig Wasser setzen und den Blumenkohl 10–15 Minuten darin garen; er sollte noch reichlich Biss haben.

3 Spinat waschen, verlesen und trocken schleudern. Blumenkohl herausnehmen und etwas abkühlen lassen. Reichlich Kokosöl in einem Topf erhitzen, darin die Kreuzkümmelsamen anrösten. Blumenkohl und die übrigen Gewürze zugeben, salzen und unter Rühren braten, bis der Blumenkohl schön gebräunt ist.

4 Den Reis in Schalen verteilen, Spinat, den gebratenen Gewürz-Blumenkohl und das Dal daraufgeben. Nach Wunsch mit Koriandergrün bestreuen.

VEGETARISCH

ALADINS WUNDERSCHÜSSEL

ZUTATEN

FÜR DIE TAHIN-SAUCE

1 kleine Knoblauchzehe

2 EL Tahin (Sesammus)

3 EL Joghurt (3,5 % Fett)

3–4 EL Zitronensaft

FÜR DEN PETERSILIENSALAT

80 g Petersilie

1 große Tomate

2 Frühlingszwiebeln

1–2 EL Zitronensaft

2 EL Olivenöl

AUSSERDEM

160 g Bulgur

250 g Brokkoli

Easy Falafel (s. S. 65) oder s. Tipp

Salz, Pfeffer

SO GEHT'S

1 Falafeln, wie auf S. 65 beschrieben, zubereiten. Gleichzeitig Bulgur nach Packungsanweisung garen und ausquellen lassen. Brokkoli waschen, putzen und in kleine Röschen brechen, den Stiel schälen und in Stücke schneiden. Beides in einen Dämpfeinsatz oder -korb geben und in einem Topf mit wenig Wasser bei mittlerer Hitze 20–25 Minuten dämpfen, dabei nach einigen Minuten Garzeit salzen.

2 Für die Tahin-Sauce Knoblauch schälen und durchpressen. Mit Tahin und Joghurt glatt verrühren, dann Zitronensaft und je nach gewünschter Konsistenz 5–7 EL Wasser verrühren, zum Schluss mit Salz und Pfeffer würzen.

3 Für den Petersiliensalat Petersilie waschen, Blättchen abzupfen, trocken schleudern und kleiner zupfen oder schneiden. Tomate waschen, trocknen, halbieren, die Kerne mit einem Löffel entfernen, das Fruchtfleisch in kleine Würfel schneiden. Frühlingszwiebeln putzen, waschen und mit dem Grün in Ringe schneiden. Zitronensaft und Olivenöl gründlich verrühren, salzen, pfeffern und mit den übrigen Zutaten mischen.

4 Bulgur auf Schalen verteilen, darauf je etwas Brokkoli, Petersiliensalat und einige Falafeln geben. Die Sauce in die Mitte bzw. leicht über Brokkoli und Falafeln geben.

TIPP

Wenn es schnell gehen soll: Anstelle von Falafeln einfach abgetropfte Kichererbsen aus der Dose in die Bowl geben.

EASY FALAFEL

ZUTATEN

1 Dose Kichererbsen (400 g Füllgewicht)

1 EL Leinsamenmehl

1 kleine Zwiebel

1 Knoblauchzehe

2 EL Olivenöl

je 3–4 Stängel Koriandergrün und Petersilie

1 ½ TL gemahlener Kreuzkümmel

2 Msp. Chilipulver

Saft von ½ Zitrone

1 EL Tahin (Sesammus)

Salz, Pfeffer

SO GEHT'S

1 Den Backofen auf 220 °C (Umluft 200 °C) vorheizen, ein Blech mit Backpapier auslegen. Kichererbsen in ein Sieb abgießen, dabei das Einweichwasser auffangen und abtropfen lassen. Das Leinsamenmehl mit 6–8 EL Wasser mit dem Schneebesen glatt verquirlen und 15 Minuten quellen lassen.

2 Zwiebel und Knoblauch schälen und grob hacken. 1 EL Olivenöl in einer kleinen beschichteten Pfanne erhitzen, darin Zwiebel und Knoblauch goldgelb andünsten, vom Herd nehmen, leicht abkühlen lassen.

3 Inzwischen Koriandergrün und Petersilie waschen, gut trocken tupfen und mit den Stielen grob zerschneiden. Mit den Kichererbsen, der Zwiebel-Knoblauch-Mischung, den Gewürzen, Zitronensaft und Tahin im Blitzhacker oder der Küchenmaschine nicht zu fein pürieren. Falls es zu trocken ist, etwas Einweichwasser zugeben.

4 Das gequollene Leinsamenmehl gründlich unterrühren und die Masse mit Salz und Pfeffer würzen. Aus der Masse 12 Bällchen formen und leicht platt zu Talern drücken, auf das Backpapier legen und rundum mit Öl bepinseln. Im heißen Ofen (Mitte) 25–30 Minuten backen, dabei ein- bis zweimal wenden.

GADO-GADO-BOWL

VEGAN

ZUTATEN

FÜR DEN KOHLSALAT

300 g Spitzkohl

Zucker

1 EL Limettensaft

FÜR DIE ERDNUSSSAUCE

1 Schalotte

1 Knoblauchzehe

1 EL Sonnenblumenöl

1 kleine Dose Kokosmilch (160 ml)

1 ½ EL Erdnussmus

3 EL Sojasauce (alternativ Tamari)

½ TL Rohrohrzucker

½–1 TL Chilisauce (z. B. Sriracha)

2–3 EL Limettensaft

FÜR DAS GEMÜSE

1 rote Spitzpaprika

1 Möhre

2 Stangen Staudensellerie

1 Knoblauchzehe

2 EL Sonnenblumenöl

2 EL Sojasauce (alternativ Tamari)

1 EL Limettensaft

AUSSERDEM

150 g breite Reisnudeln (Pad-Thai-Nudeln)

200 g Tempeh

Öl zum Braten

2 EL gehacktes Koriandergrün

Salz

SO GEHT'S

1 Für den Kohlsalat Kohl waschen, vierteln und den Strunk großzügig herausschneiden. Die Viertel quer in ganz feine Streifen schneiden oder hobeln. Mit einer großzügigen Prise Salz und Zucker und dem Limettensaft mit den Händen durchkneten, bis der Kohl schön weich ist. Anschließend ziehen lassen.

2 Für die Sauce Schalotte und Knoblauch schälen und fein hacken. In Öl bei schwacher Hitze glasig dünsten und mit Kokosmilch und 5 EL Wasser ablöschen. 5 Minuten offen köcheln lassen, dann die übrigen Zutaten unterrühren, dabei 1 EL Limettensaft zurückbehalten. Sauce offen 10 Minuten bei schwacher Hitze köcheln lassen, dabei gelegentlich umrühren. Mit dem übrigen Limettensaft abschmecken.

3 Backofen auf 150 °C (Umluft nicht empfehlenswert) vorheizen. Nudeln nach Packungsanweisung garen. Inzwischen Tempeh in 1 cm dicke Scheiben schneiden. Reichlich Öl in einer Pfanne erhitzen, den Tempeh darin beidseitig bei mittlerer Hitze goldbraun braten. Auf Küchenpapier geben und abtupfen, dann auf ein mit Pergamentpapier ausgelegtes Blech geben und im Backofen (Mitte) 10 Minuten weitergaren.

4 Inzwischen Paprika vierteln, putzen, waschen und quer in Streifen schneiden. Möhre schälen, längs vierteln und schräg in dünne Scheiben schneiden. Staudensellerie waschen, putzen und schräg in dünne Streifen schneiden. Knoblauch schälen und fein hacken. Öl in einem Wok erhitzen und Gemüse und Knoblauch darin bei starker Hitze unter Rühren braten. Mit Sojasauce und Limettensaft ablöschen, kurz weiterbraten und anschließend vom Herd nehmen.

5 Nudeln abgießen, abtropfen lassen und auf Schalen verteilen. Mit Gemüse, Kohl und Tempeh belegen und Erdnusssauce dazugeben. Nach Wunsch mit Koriandergrün bestreuen und zum Essen am besten alles untereinandermischen.

VEGETARISCH

BAVARIAN BOWL

ZUTATEN

FÜR DEN FRISCHKÄSE-DIP

1 Schalotte

80 g reifer Camembert

80 g Doppelrahmfrischkäse

1 TL Weißweinessig

Salz, Pfeffer

3 Msp. grob gemahlener Kümmel

¾ TL edelsüßes Paprikapulver

FÜR DEN RADIESCHEN-MIX

1 EL Kürbiskerne

6 Radieschen

1 Beet Kresse (z. B. Brunnenkresse)

AUSSERDEM

125 g Zartweizen (Ebly®)

1 kleines Bund Schnittlauch

120 g Sauerkraut (möglichst frisch)

2 EL Butterschmalz

SO GEHT'S

1 Für den Frischkäse-Dip die Schalotte schälen und fein würfeln. Camembert klein würfeln und mit einer Gabel mit Schalotte, Frischkäse und Essig vermengen. Kräftig mit Salz, Pfeffer, Kümmel und Paprikapulver würzen und ziehen lassen.

2 Für den Radieschen-Mix Kürbiskerne in einer Pfanne ohne Fett rösten, bis sie duften, anschließend abkühlen lassen. Radieschen waschen, putzen und in Scheiben schneiden. Kresse waschen und vom Beet schneiden. Kürbiskerne grob hacken und mit Radieschen und Kresse mischen.

3 Zartweizen nach Packungsanweisung zubereiten, Schnittlauch schälen und in Röllchen schneiden. Sauerkraut zerzupfen und mit Küchenpapier gut trocken tupfen. Butterschmalz in einer beschichteten Pfanne zerlassen. Das Sauerkraut darin bei mittlerer bis starker Hitze unter Rühren braten, bis es dunkel zu bräunen beginnt, dann mit Salz und Pfeffer würzen.

4 Etwas Schnittlauch unter die Frischkäsecreme mischen. Zartweizen auf Schalen verteilen. Darauf das Sauerkraut und den Radieschen-Mix geben, Frischkäsecreme daneben platzieren. Alles mit Schnittlauch bestreuen.

VEGETARISCH

MUHAMMARA-BOWL

ZUTATEN

FÜR DIE MUHAMMARA

2 rote Paprika

1 Knoblauchzehe

3 EL Olivenöl

6 EL Orangensaft

1 Scheibe Toastbrot

30 g Walnusskerne

1–2 EL Rotweinessig

2–3 Msp. Chiliflocken

¾ TL gemahlener Kreuzkümmel

FÜR DEN KOHL

1 kleiner Spitzkohl

2 EL Olivenöl

AUSSERDEM

125 g Couscous

6 große Blätter Lollo rosso

6 Labneh-Bällchen (s. S. 73)

1 TL Schwarzkümmelsamen

Salz, Pfeffer

SO GEHT'S

1 Für den Muhammara-Dip Paprika halbieren, putzen, waschen und in kleine Stücke schneiden. Knoblauch schälen und würfeln. Öl in einer Pfanne erhitzen, darin Paprika bei starker Hitze unter Rühren ca. 3 Minuten braun braten und salzen. Knoblauch zugeben, kurz mitbraten, dann mit Orangensaft ablöschen und bei mittlerer Hitze 6–7 Minuten garen, bis die Paprika weich sind und die Flüssigkeit fast vollständig verkocht ist – während des Bratens eventuell etwas Wasser zugeben. Abkühlen lassen. Toastbrot toasten, Walnüsse in einer Pfanne ohne Fett rösten. Beides abkühlen lassen, grob hacken und mit den abgekühlten Paprikastücken sowie dem Essig mit dem Pürierstab fein pürieren. Mit Salz, Chili und Kreuzkümmel würzen.

2 Währenddessen Kohl vierteln. Öl in einer beschichteten Pfanne erhitzen, darin die Kohlviertel bei mittlerer Hitze rundum leicht braun anbraten, salzen und pfeffern. 100 ml Wasser zugießen und zugedeckt bei schwacher Hitze 6–8 Minuten fertig garen.

3 Couscous nach Packungsangabe zubereiten. Salatblätter waschen, trocken schleudern und etwas kleiner zupfen. Die Labneh-Bällchen trocken tupfen.

4 Couscous auf Schalen verteilen, je 2 Kohlviertel daraufgeben. Salatblätter danebenlegen und die Labneh-Bällchen darauf platzieren. Muhammara in die Mitte geben und Schwarzkümmel über die Labneh-Bällchen und den Spitzkohl streuen.

LABNEH-BÄLLCHEN

ZUTATEN

1 kg griechischer Joghurt (10 % Fett)

Salz

500 ml Olivenöl

3 Zweige Thymian

2 kleine getrocknete Chilischoten

½ TL schwarze Pfefferkörner

1 TL Schwarzkümmelsamen

SO GEHT'S

1 Ein feines Sieb mit einem sauberen Mulltuch auslegen, sodass es an den Rändern gut überhängt. Joghurt leicht salzen, in das Tuch geben, dieses oben zusammendrehen und mit einer Schnur zu einem kleinen Sack zusammenbinden. So an einem Kochlöffelstiel befestigen, den man über eine ausreichend große Schüssel hängt. In den Kühlschrank stellen und 1–3 Tage abtropfen lassen, bis der Joghurt zu einer trockenen, leicht krümeligen Masse geworden ist.

2 Die Hände mit etwas Olivenöl einölen und aus der Joghurtmasse kleine Bällchen (ca. 3 cm Durchmesser) formen. In ein sauberes, ausreichend großes Glas mit Bügelverschluss schichten, dazwischen Thymian, Chili und Pfefferkörner einschichten. Schwarzkümmel dazugeben und alles mit Olivenöl begießen, bis die Bällchen gut bedeckt sind.

3 Das Glas verschließen und in den Kühlschrank stellen. Die Bällchen mindestens 2–3 Tage durchziehen lassen. Sie halten gut 3 Wochen.

TIPP

Wer es gar nicht abwarten kann, verwendet die Bällchen sofort nach dem Formen, ohne sie einzulegen. Man kann sie mit frischen gehackten Kräutern, Gewürzmischungen (z. B. Dukkah, s. S. 32) oder Gewürzen wie Chiliflocken oder Schwarzkümmel bestreuen, salzen, pfeffern und mit Olivenöl beträufeln – perfekt nicht nur auf Bowls, sondern auch zu Brot, Salat oder als kleine Vorspeise.

HOT-CHILI-NO-CARNE-BOWL

VEGETARISCH

ZUTATEN

FÜR DIE TOMATENSALSA

2 Tomaten

1 kleine rote Zwiebel

2 EL gehacktes Koriandergrün

Rohrohrzucker

1–2 TL Limettensaft

1 EL Olivenöl

FÜR DAS CHILI

1 Dose Kidney-Bohnen (400 g Füllgewicht)

1 kleine Zwiebel

1 Knoblauchzehe

1 EL Olivenöl

1 EL Tomatenmark

1 TL Chili-Gewürzmischung (für Chili con carne)

FÜR DAS TOPPING

1 Avocado (s. Tipp)

1 TL Limettensaft

½ Romanasalat

1 Frühlingszwiebel

3 EL saure Sahne

AUSSERDEM

120 g (Langkorn-)Reis

Salz, Pfeffer

SO GEHT'S

1 Für die Salsa Tomaten halbieren, die Kerne mit einem Teelöffel entfernen und das Fruchtfleisch klein würfeln. Zwiebel schälen und grob würfeln. Beides mit Koriandergrün, Salz, Pfeffer, einer guten Prise Zucker und Limettensaft würzen, Öl untermischen und ziehen lassen.

2 Reis nach Packungsanweisung garen. Inzwischen die Bohnen in ein Sieb abgießen, dabei die Einweichflüssigkeit auffangen. Zwiebel und Knoblauch schälen und fein würfeln. Öl in einer kleinen Pfanne erhitzen, darin Zwiebel und Knoblauch goldgelb andünsten. Tomatenmark einrühren und kurz anrösten, dann Bohnen und etwas Einlegewasser zugeben. Mit Chiligewürz würzen. Offen 5 Minuten bei mittlerer Hitze garen, eventuell nochmals Einlegewasser zugeben – am Ende sollte die Flüssigkeit dick-sämig eingekocht sein – und mit Salz abschmecken.

3 Inzwischen Avocado halbieren, Stein und Schale entfernen. Das Fruchtfleisch längs in Spalten schneiden und sofort mit Limettensaft beträufeln, leicht salzen und pfeffern. Salat waschen, trocken schleudern und quer in Streifen schneiden. Frühlingszwiebel waschen, putzen und samt dem Grün in feine Ringe schneiden. Sauerrahm glatt verrühren und salzen und pfeffern.

4 Reis auf Schalen verteilen, Chili auf eine Seite geben, daneben Salatstreifen, Salsa und Avocado platzieren. Saure Sahne in die Mitte geben und alles mit Frühlingszwiebelringen bestreuen.

TIPP

Alternativ zur aufgeschnittenen Avocado lässt sich auch die **Guacamole (s. S. 83)** hervorragend zu dieser Bowl kombinieren!

FISCH

REISNUDELN MIT GARNELEN

ZUTATEN

FÜR DIE WÜRZSAUCE

1 Stück Ingwer (10 g)

Saft von 1 Limette

1 TL Rohrohrzucker

2 EL Fischsauce

AUSSERDEM

1 Bio-Mini-Gurke

1 rote Spitzpaprika

1 dicke Möhre

½ Romanasalat

½ Bund Koriandergrün

180 g dünne vietnamesische Reisnudeln

200 g TK-Tiger-Prawns (küchenfertig, mit Schale)

1 kleine Knoblauchzehe

2 Stängel Zitronengras

2 EL Erdnussöl

½ TL Chilisauce (z. B. Sriracha)

SO GEHT'S

1 Für die Würzsauce Ingwer schälen und möglichst fein würfeln. Mit Limettensaft, Zucker, Fischsauce und 6 EL Wasser verrühren.

2 Die Gurke waschen, längs halbieren und in Stücke schneiden. Paprika längs vierteln, putzen, waschen und die Viertel quer in dünne Streifen schneiden. Möhre schälen, putzen und in dünne Stifte (Julienne) hobeln oder schneiden. Romanasalat waschen, putzen, trocken schleudern und quer in dünne Streifen schneiden. Koriandergrün waschen, trocken schütteln, die Blättchen abzupfen und grob hacken.

3 Die Reisnudeln nach Packungsangabe in Wasser garen, in ein Sieb abgießen und abtropfen lassen. Die Garnelen kalt abspülen und gut trocken tupfen. Knoblauch schälen und fein würfeln. Den Strunk und oberen Teil vom Zitronengras abschneiden, die unteren 8–10 cm längs in schmale Streifen schneiden und diese ganz fein hacken.

4 Öl in einem Wok stark erhitzen. Garnelen mit Knoblauch und Zitronengras hineingeben und unter Rühren rundum braten, bis sie rosa verfärbt sind. Hitze reduzieren, Chilisauce sowie 125 ml Wasser zugeben und bei mittlerer bis starker Hitze garen, bis die Flüssigkeit verdunstet ist. Nudeln, Gemüse und Würzsauce zugeben und alles miteinander mischen, anschließend kurz erwärmen. Vom Herd nehmen, Salat und Koriandergrün untermischen und sofort auf Schalen verteilen.

FISCH

SUSHI-BOWL

ZUTATEN

FÜR DEN SUSHI-REIS

150 g Sushi-Reis

2 EL Reisessig (alternativ Weißweinessig)

1 EL Zucker

FÜR DIE ALGEN

2 EL getrocknete (Bio-) Wakame-Algen

1 TL Sesam

1 TL geröstetes Sesamöl

1 TL Limettensaft

Zucker

FÜR DAS TOPPING

180 g ausgelöste TK-Edamame

180 g ganz frisches Lachsfilet (ohne Haut)

1 dicke Möhre

1 Bio-Mini-Gurke

AUSSERDEM

Salz, Pfeffer

Shichimi togarashi (s. Tipp)

SO GEHT'S

1. Den Sushi-Reis nach Packungsanweisung kochen. Währenddessen Essig, Zucker und ½ TL Salz in einem kleinen Topf unter Rühren erwärmen, bis sich der Zucker vollständig gelöst hat, anschließend abkühlen lassen. Fertigen Reis im Topf mit einem Geschirrtuch abdecken und 15 Minuten abkühlen lassen. Dann in eine breite Schüssel geben und flach verteilen. Essigmischung darauf verteilen und vorsichtig mit einem Löffelstiel unter den Reis ziehen. anschließend abkühlen lassen.

2. Inzwischen Algen in einem Sieb kalt waschen, anschließend 15 Minuten in kaltem Wasser einweichen. Danach in ein Sieb abgießen und nach Packungsanweisung 4–5 Minuten in Wasser garen, abgießen, kalt abbrausen und abtropfen lassen. Sesam in einer Pfanne ohne Fett rösten und abkühlen lassen. Sesamöl und Limettensaft verrühren, Algen und Sesam damit mischen und mit wenig Salz, Pfeffer und 1 Prise Zucker würzen.

3. Wasser in einem Topf erhitzen, salzen, darin die gefrorenen Edamame 10 Minuten zugedeckt bei mittlerer Hitze garen, anschließend in ein Sieb abgießen, kalt abbrausen und abtropfen lassen. Währenddessen Lachs kalt abspülen, trocken tupfen und in schmale Scheiben schneiden. Möhre schälen und in feine Stifte raspeln. Gurke waschen und in feine Stifte schneiden, die Kerne dabei eventuell entfernen.

4. Reis auf Schalen verteilen, darauf Algensalat, Edamame, Möhre, Gurke und Lachs verteilen und nach Wunsch zum Schluss mit Shichimi togarashi bestreuen.

TIPP

Der Name der japanischen Gewürzmischung Shichimi togarashi bedeutet Sieben-Gewürz-Pfeffer und enthält milden Shanso-Pfeffer und scharfe Chiliflocken. Sie ist in Asienläden erhältlich.

FISCH

HOT-TUNA-BOWL

ZUTATEN

FÜR DAS THUNFISCH-TATAR

1 EL Sesam

180 g ganz frisches Thunfischfilet

1 EL geröstetes Sesamöl

1 EL Chilisauce (z. B. Sriracha)

1 Frühlingszwiebel

FÜR DAS ALGEN-SESAM-SPRINKLE

je 1 EL schwarzer und weißer Sesam

½ TL Fleur de sel

2 Msp. Chiliflocken

1 ½ EL geröstete Nori-Flocken

AUSSERDEM

150 g Sushi-Reis (s. S. 79)

Marinierte Avocado (s. S. 82)

150 g Zuckerschoten

Salz

8 Radieschen

SO GEHT'S

1 Den Sushi-Reis, wie auf S. 79 beschrieben, zubereiten. Für das Thunfisch-Tatar den Sesam in einer Pfanne ohne Fett rösten, abkühlen lassen. Inzwischen den Thunfisch kalt abspülen und trocken tupfen. Erst klein würfeln, dann die Würfel mit einem Messer möglichst fein zerhacken. Mit Sesam, Sesamöl und Chilisauce mischen. Die Frühlingszwiebel waschen und trocknen. Den grünen Teil in ganz feine Ringe schneiden und mit dem Sesam vermischen. Den weißen Teil der Zwiebel ebenfalls in dünne Ringe schneiden.

2 Marinierte Avocado, wie auf S. 82 beschrieben, zubereiten. Zuckerschoten waschen, putzen und schräg in schmale Streifen schneiden. Wasser aufkochen, salzen, Zuckerschoten hineingeben und knapp 1 Minute garen. Anschließend in ein Sieb abgießen, kalt abbrausen und abtropfen lassen. Radieschen putzen, waschen und in dünne Scheiben schneiden.

3 Für das Sprinkle Sesam in einer Pfanne ohne Fett rösten, bis er duftet. Anschließend herausnehmen und abkühlen lassen. Mit Fleur de sel und Chiliflocken im Mörser grob zerstoßen und die Algenflocken untermischen.

4 Reis auf Schalen verteilen, Thunfisch-Tatar, Avocado, Radieschen und Zuckerschoten dazugeben und mit dem Sprinkle und den weißen Zwiebelringen bestreuen.

AVOCADO

MAYONNAISE

ZUTATEN

1 reife Avocado

1 Knoblauchzehe

3 EL Olivenöl

2–3 EL Zitronensaft

Salz, Pfeffer

SO GEHT'S

Avocado halbieren, den Kern entfernen, das Fruchtfleisch mit einem Löffel aus der Schale kratzen und in ein hohes Rührgefäß oder in den Mixer geben. Knoblauch schälen und dazupressen. Olivenöl und 2 EL Zitronensaft dazugeben und alles zu einer glatten Creme pürieren. Mit Salz, Pfeffer und Zitronensaft abschmecken.

MARINIERT

ZUTATEN

1 EL Sesam

1 Avocado

1–2 TL Limettensaft

1 Stück Ingwer (5 g)

1 Frühlingszwiebel

1 EL trockener Sherry

1 EL Reisessig (alternativ Weißweinessig)

1 TL Ahornsirup

Salz, Chiliflocken

SO GEHT'S

1 Sesam in einer Pfanne ohne Fett rösten, bis er leicht bräunt. Avocado halbieren, den Kern und die Schale entfernen und das Fruchtfleisch klein würfeln. Sofort mit 1 TL Limettensaft mischen, damit das Fruchtfleisch nicht braun wird.

2 Ingwer schälen und winzig klein würfeln. Frühlingszwiebel waschen, putzen und mit dem Grün in ganz feine Ringe schneiden. Ingwer mit Sherry, Essig und Ahornsirup verrühren, mit Salz und 1–3 Messerspitzen Chiliflocken würzen. Dressing mit Avocado, Frühlingszwiebeln und Sesam mischen und 10 Minuten ziehen lassen. Mit übrigem Limettensaft abschmecken.

GUACAMOLE

ZUTATEN

1 Tomate

1 Frühlingszwiebel

1 reife Avocado

2 EL Limettensaft

½ TL gemahlener Kreuzkümmel

Salz, Pfeffer

SO GEHT'S

1 Tomate waschen, halbieren, die Kerne mit einem Löffel entfernen, das Fruchtfleisch in kleine Würfelchen schneiden. Frühlingszwiebel putzen, waschen, den weißen Teil längs in schmale Streifen, diese in kleine Stückchen schneiden, das Grün in feine Ringe schneiden.

2 Avocado halbieren, den Kern und die Schale entfernen. Das Fruchtfleisch grob zerschneiden, Limettensaft darüberträufeln und mit einer Gabel je nach persönlicher Vorliebe mehr oder weniger stark zermusen. Den weißen Teil der Zwiebel und die Tomatenwürfelchen unterrühren, mit Kreuzkümmel, Salz und Pfeffer würzen, eventuell nochmals mit Limettensaft abschmecken. Einen Teil der grünen Zwiebelringe unterheben und den Rest darüberstreuen.

FLEISCH

BURRITO-BEEF-BOWL

ZUTATEN

FÜR DAS CHILI-HACKFLEISCH

1 Zwiebel

1 Knoblauchzehe

2 EL Olivenöl

200 g mageres Rinderhackfleisch

Salz, Peffer

¾ TL Chili-Gewürzmischung (für Chili con carne)

⅓ TL getrockneter Oregano

1 TL Tomatenmark

FÜR DAS TOPPING

1 Dose Mais (ca. 140 g Abtropfgewicht)

5 Blätter Romanasalat

1 Fleischtomate

1 Frühlingszwiebel

100 g saure Sahne

2 EL gehacktes Koriandergrün

AUSSERDEM

120 g (Vollkorn-)Reis

Guacamole (s. S. 83) oder s. Tipp

SO GEHT'S

1. Reis nach Packungsangabe zubereiten. Währenddessen Mais in ein Sieb abgießen, kalt abbrausen und abtropfen lassen. Den Salat waschen, trocken schleudern und in feine Streifen schneiden. Tomate waschen und in kleine Stücke schneiden, dabei den Stielansatz entfernen. Frühlingszwiebel waschen, putzen und mit dem Grün in Ringe schneiden. Die Guacamole, wie auf S. 83 beschrieben, zubereiten

2. Für das Hackfleisch Zwiebel und Knoblauch schälen und fein würfeln. Olivenöl in einer Pfanne erhitzen, darin beides bei mittlerer Hitze goldgelb braten. Hackfleisch zugeben, mit Salz, Pfeffer, Chili-Gewürzmischung und Oregano würzen. Das Hackfleisch bei starker Hitze unter Rühren krümelig braun braten, dabei mit einem Holzlöffel in kleine Krümel zerteilen. Tomatenmark einrühren, kurz mitrösten, dann 3–5 EL Wasser zugeben und unter Rühren bei mittlerer Hitze garen, bis die Flüssigkeit vollständig verdampft ist.

3. Reis auf Schalen verteilen, darauf Chili-Hack, Guacamole, Mais, Tomaten und Salat geben. Saure Sahne zum Fleisch geben und beides mit Frühlingszwiebeln und Koriandergrün bestreuen.

TIPP

Wer nicht extra Guacamole zubereiten möchte, kann alternativ auch einfach 1 Avocado auf die Bowl geben. Hierzu die Avocado halbieren, Stein und Schale entfernen. Das Fruchtfleisch würfeln und sofort mit etwas Limettensaft beträufeln, leicht salzen und pfeffern.

FLEISCH

BULGOGI-BOWL

ZUTATEN

FÜR DAS FLEISCH

200 g Rinderfilet

½ große Zwiebel

1 kleine Knoblauchzehe

¼ Apfel

⅓ TL Zucker

3 EL Sojasauce (alternativ Tamari)

1 EL Reisessig (alternativ Weißweinessig)

1 EL geröstetes Sesamöl

FÜR DAS GEMÜSE

½ große Zwiebel

1 kleine Süßkartoffel (250 g)

3 große Kräuterseitlinge

1 kleine Zucchini

AUSSERDEM

150 g Sushi-Reis (s. S. 79)

2 Frühlingszwiebeln

Öl zum Braten

Salz, Pfeffer

Kimchi (s. S. 96)

SO GEHT'S

1 Das Fleisch in möglichst feine Scheiben schneiden – das geht am besten, wenn man es vorher in Frischhaltefolie gewickelt 3–4 Stunden im Tiefkühlfach anfrieren lässt. Zwiebel und Knoblauch schälen, ein Drittel davon grob hacken. Übrige Zwiebel beiseitelegen. Apfel entkernen und grob zerschneiden. Die klein geschnittenen Zutaten mit Zucker, Sojasauce, Essig und Sesamöl mit dem Pürierstab zu einer feinen Marinade pürieren und pfeffern. Mit dem Fleisch mischen und 30 Minuten ziehen lassen. Übrige Zwiebel in schmale Streifen schneiden und auf das Fleisch geben.

2 Inzwischen für das Gemüse die Zwiebel schälen und in feine Spalten schneiden. Süßkartoffel schälen und in 2–3 mm dicke Scheiben schneiden. Kräuterseitlinge vorsichtig sauber reiben und längs in 5 mm dicke Scheiben schneiden. Zucchini waschen, putzen, quer halbieren und die Hälften längs in 2–3 mm dicke Scheiben schneiden. Vorsichtig mit 2–3 EL Öl mischen, salzen und pfeffern.

3 Sushi-Reis, wie auf S. 79 beschrieben, zubereiten. Frühlingszwiebeln waschen, putzen und in feine Ringe schneiden. Den Backofengrill auf höchster Stufe vorheizen. Ein Blech im Ofen richtig heiß werden lassen. Vorsichtig herausnehmen und mit 3–4 EL Öl fetten, das Gemüse darauf verteilen und unter dem heißen Grill 10 Minuten garen, zwischendurch einmal wenden, damit es von allen Seiten bräunt.

4 Inzwischen 2 EL Öl in einem Topf oder Wok erhitzen. Fleisch samt Zwiebelstreifen darin bei starker Hitze 2–3 Minuten unter Rühren anbraten, leicht salzen, pfeffern und 1–2 Minuten bei schwacher Hitze nachziehen lassen.

5 Reis auf Schalen verteilen, Fleisch, Gemüse und Kimchi nebeneinander daraufgeben und alles mit Zwiebelringen bestreuen.

FLEISCH

THANKSGIVING-BOWL

ZUTATEN

FÜR DIE CRANBERRY-SAUCE

1 kleiner Apfel

1 Stück Ingwer (10 g)

125 g (TK-)Cranberrys

3–4 EL Ahornsirup

100 ml Apfelsaft

2 EL Zitronensaft

FÜR DEN KÜRBIS

250–280 g Butternut-Kürbis (geputzt 200 g)

2 EL Weißweinessig

2 EL Olivenöl

FÜR DAS PUTENSCHNITZEL

2 EL Olivenöl

180 g Putenschnitzel

FÜR DAS TOPPING

1 vorgegarter Maiskolben (vakuumverpackt)

3 EL Kürbiskerne

AUSSERDEM

150 g Quinoa

Salz, Pfeffer

1 TL Butter

SO GEHT'S

1 Für die Cranberry-Sauce den Apfel schälen und in kleine Stücke schneiden, dabei den Stielansatz entfernen. Ingwer schälen und fein hacken. Cranberrys waschen und abtropfen lassen. Alles mit 2 EL Ahornsirup, 50 ml Apfelsaft und 1 EL Zitronensaft in einen kleinen Topf geben und zugedeckt bei schwacher Hitze 30–35 Minuten köcheln lassen, dabei eventuell nach und nach etwas Apfelsaft zugeben. Die Sauce sollte am Ende dicklich eingekocht sein, dann mit dem übrigem Ahornsirup und Zitronensaft abschmecken und lauwarm abkühlen lassen.

2 Inzwischen den Kürbis schälen, Kerne und Fasern entfernen. Das Fruchtfleisch mit dem Sparschäler in dünnen Spalten abziehen und mit 2 kräftigen Prisen Salz mischen. Mit den Händen 1–2 Minuten gut durchkneten, bis der Kürbis schön weich ist. Mit Pfeffer, Weißweinessig und Öl mischen und ziehen lassen. Die Kürbiskerne in einer Pfanne ohne Fett rösten, abkühlen lassen und fürs Garnieren grob hacken.

3 Quinoa in einem Sieb heiß abbrausen und nach Packungsanweisung garen. Mais nach Packungsanweisung in Salzwasser garen, abtropfen lassen und in dicke Scheiben schneiden.

4 Für das Putenschnitzel Öl in einer beschichteten kleinen Pfanne erhitzen, darin das Putenschnitzel beidseitig je 4–5 Minuten braten. Salzen, pfeffern, kurz ziehen lassen und anschließend in Scheiben aufschneiden.

5 Quinoa auf Schalen verteilen, darauf das Fleisch geben, daneben bzw. ein wenig über das Fleisch Cranberry-Sauce geben. Mais und Kürbis ebenfalls auf Quinoa geben, Mais mit Butter belegen, salzen und pfeffern. Die Kürbiskerne gleichmäßig über die gesamte Bowl streuen.

SUPER BOWLS

VEGAN

COLORS-OF-ASIA-BOWL

ZUTATEN

FÜR DEN ROTKOHLSALAT

150 g Rotkohl

Saft von 1 Limette

1 Stück Ingwer (10 g)

½ –1 TL brauner Zucker

FÜR DIE KORIANDERCREME

½ Bund Koriandergrün

½ Knoblauchzehe

200 g Seidentofu

4 EL Olivenöl

2 EL Limettensaft

2 Msp. Chiliflocken

FÜR DAS TOPPING

1 Möhre

1 gelbe Paprika

Koriandergrün zum Bestreuen

AUSSERDEM

Salz, Pfeffer

gegrillte Süßkartoffel (s. S. 113)

120 g (Basmati-)Reis

SO GEHT'S

1 Rotkohl waschen, Strunk keilförmig wegschneiden und den Kohl in dünne Streifen schneiden oder hobeln. Anschließend mit 1 kräftigen Prise Salz und 2 EL Limettensaft gut mit den Händen durchkneten, bis er schön weich ist (dazu Gummihandschuhe tragen, der Kohl färbt ab!). Ingwer schälen und klein würfeln. Mit dem übrigen Limettensaft und braunem Zucker verrühren, bis sich der Zucker gelöst hat. Mit Salz und Pfeffer würzen, mit dem Rotkohl mischen und ziehen lassen.

2 Inzwischen die Süßkartoffeln garen, auf Holzspieße stecken und grillen (s. S. 113). Den Reis nach Packungsangabe garen. Möhre schälen und grob raspeln, Paprika halbieren, putzen, waschen und in schmale Streifen schneiden.

3 Für die Koriandercreme Koriandergrün waschen, gut trocken schütteln und die Blättchen abzupfen. Knoblauch schälen und durchpressen. Mit dem Seidentofu in einen Rührbecher geben, darauf kommen Koriandergrün, Öl und Limettensaft. Mit dem Stabmixer zu einer festen Creme pürieren, salzen und pfeffern.

4 Reis auf Schalen verteilen, darauf die Süßkartoffelspieße geben, daneben Rotkohlsalat, Möhre und Paprika platzieren. Die Koriandercreme in die Mitte geben und mit Chiliflocken bestreuen. Alles mit zerzupften Koriander- und Minzblättchen bestreuen.

BIBIMBAP-BOWL

VEGETARISCH

ZUTATEN

FÜR DAS GEMÜSE

1 dicke Möhre

6 Radieschen

100 g Kräuterseitlinge

100 g Baby-Spinat

2 Knoblauchzehen

3 Frühlingszwiebeln

3 EL Sojasauce (alternativ Tamari)

Chiliflocken

2 EL geröstetes Sesamöl

1 EL Reisessig (alternativ Weißweinessig)

3 EL Sonnenblumenöl

FÜR DIE MISO-SAUCE

2 EL Miso-Paste

½ TL Chilisauce (z. B. Sriracha)

1 EL geröstetes Sesamöl

AUSSERDEM

150 g (Basmati-) Reis

2 Eier

Kimchi (s. S. 96)

1 ½ EL schwarzer Sesam

Zucker

Salz, Pfeffer

SO GEHT'S

1 Die Möhre schälen und mit dem Sparschäler breite Streifen abziehen. Radieschen waschen, putzen und in Scheiben schneiden. Die Pilze säubern, den Stiel quer in 4 mm dicke Scheiben, den Hut ebenfalls quer in Scheiben schneiden. Baby-Spinat waschen, trocken schleudern. Knoblauch schälen, die Frühlingszwiebeln waschen, trocken schütteln, dann den weißen und grünen Teil getrennt in dünne Ringe schneiden.

2 Möhre mit 1 EL Sojasauce, ⅔ TL Chiliflocken, einem Viertel Knoblauch, der Hälfte Zwiebelgrün, ½ EL Sesamöl und etwas Salz mischen und kräftig durchkneten. Radieschen mit Reisessig, 1 Prise Zucker und einem Viertel des Knoblauchs mischen.

3 In einer Pfanne 1 ½ EL Sonnenblumenöl erhitzen, darin die Pilze mit der Hälfte Knoblauch unter Rühren braten, bis sie leicht gebräunt sind. Dann salzen, pfeffern, vom Herd nehmen und mit gut der Hälfte des übrigen Zwiebelgrüns mischen. Pfanne säubern, ½ EL Sonnenblumenöl darin erhitzen, übrigen Knoblauch und Spinat hineingeben und unter Rühren anbraten. Mit 2 EL Sojasauce ablöschen, weiterrühren, 3 EL Wasser zugeben und bei mittlerer Hitze 2–3 Minuten bissfest garen. Vom Herd nehmen, ½ EL Sesamöl und etwas Zwiebelgrün unterrühren. Anschließend das gesamte Gemüse durchziehen lassen – ideal ist 1 Stunde, ansonsten solange, bis der Reis gegart ist.

4 Den Reis nach Packungsangabe garen. Währenddessen für die Sauce Miso-Paste mit Chilisauce, 1 EL Sesamöl, 3 EL Wasser und 1 Prise Zucker glatt verrühren. 1 TL weiße Zwiebelringe fein hacken und ebenfalls unterrühren.

5 Den gegarten Reis gegebenenfalls abgießen und warm halten. Übriges Sonnenblumenöl in einer beschichteten Pfanne erhitzen. Die Eier hineingeben und zu Spiegeleiern braten; das Eigelb sollte aber noch möglichst flüssig bleiben. Salzen und pfeffern.

6 Zum Servieren Reis auf Schalen verteilen, Sauce in die Mitte vom Reis geben, darauf das Ei legen. Die einzelnen Gemüse und Kimchi rings um das Ei nebeneinander getrennt anordnen. Alles mit Sesam und den übrigen Zwiebelringen bestreuen.

KIMCHI

ZUTATEN

300 g Chinakohl

150 g (Natur-)Meersalz (möglichst ungereinigt, unraffiniert)

2 EL getrocknete Garnelen (aus dem Asien-Laden)

1 kleine Zwiebel

4 Knoblauchzehen

1 Stück frischer Ingwer (10 g)

1 kleiner Apfel

2 EL Reismehl (alternativ 3 EL gegarter Reis)

4 EL Fischsauce

1 EL Zucker

ca. 70 g koreanisches Chilipulver (Gochugaru, aus dem Asien-Laden)

Salz

SO GEHT'S

1 Den Chinakohl längs halbieren, dabei den Strunk unten wegschneiden. Die Blätter gründlich waschen, dann quer in ca. 4 cm breite Streifen schneiden, die dicken Strunkteile dabei einmal längs halbieren. Das Meersalz in etwas heißem Wasser auflösen, anschließend mit kaltem Wasser auf 1,5 l aufgießen. Chinakohl in eine große Schüssel geben und mit Salzwasser übergießen. Mit einem Brett oder Teller so beschweren, dass alles gut mit Wasser bedeckt ist, und die Schüssel mit einem Tuch abdecken. So ca. 12 Stunden (am besten über Nacht) ziehen lassen; der Kohl muss weich und biegsam werden.

2 Am nächsten Tag die Würzpaste zubereiten. Dazu 200 ml Wasser aufkochen, die getrockneten Garnelen hineingeben und bei schwacher Hitze zugedeckt etwa 10 Minuten ziehen, anschließend abkühlen lassen.

3 Zwiebel, Knoblauch und Ingwer schälen und grob zerschneiden. Apfel waschen, vierteln, das Kerngehäuse entfernen und die Viertel ebenfalls grob zerschneiden. Alles mit den Garnelen samt Garsud in der Küchenmaschine fein pürieren. Reismehl oder Reis untermixen. Die Masse in eine Schüssel geben, Fischsauce, Zucker und nach und nach so viel Chilipulver unterrühren, wie man als für sich als angenehm scharf empfindet.

4 Den Chinakohl ins Waschbecken geben und in kaltem Wasser zwei- bis dreimal gut wässern, um das Salz weitgehend herauszuwaschen. Die Blätter sollten aber angenehm salzig schmecken. Chinakohl gut abtropfen lassen und mit der Würzpaste vermengen – dazu einfach mit Einweg-Gummihandschuhen gut unterkneten. Mit Chilipulver, Salz und eventuell Zucker

oder Fischsauce nochmals abschmecken und die Würzpaste in ein großes Glas mit Bügelverschluss geben. Knapp 100 ml Wasser in die Schüssel geben und die Reste der Paste damit von der Schüssel lösen, dann das Wasser über den Kohl gießen, sodass er schön bedeckt ist und keine Luftblasen mehr im Glas sind. Den Deckel lose auflegen.

5 Das Kimchi nun 2–4 Tage so bei Zimmertemperatur durchziehen lassen. Dann beginnt es im Regelfall zu gären: Es bilden sich Luftbläschen, die nach oben steigen und es „blubbert" mehr oder weniger stark. Nun den Deckel verschließen, in den Kühlschrank stellen und dort weiter „reifen" lassen (eventuell anfangs ab und zu den Deckel kurz öffnen, damit die Gärgase entweichen können). Man kann gut schon sofort davon essen, aber nach 1–2 Monaten schmeckt es am besten.

VEGGIE-TIPP

Anstelle von Garnelen kann man 200 ml leichte Gemüsebrühe nehmen und die Fischsauce durch Sojasauce ersetzen. Hier eignet sich am besten koreanische Sojasauce für Suppen (Chosun-Ganjang, aus dem Asien-Laden).

VEGETARISCH

APHRODITES BEAUTY-BOWL

ZUTATEN

FÜR DAS PETERSILIENPESTO

40 g Mandeln

1 kleines Bund Petersilie

½ Knoblauchzehe

½ Bio-Zitrone

80–100 ml Olivenöl

FÜR DIE PAPRIKA

2 rote Spitzpaprika

½ Knoblauchzehe

3 Zweige Thymian

Saft von 1 Orange

FÜR DAS TOPPING

125 g Baby-Spinat

200 g Halloumi

2 EL kleine schwarze Oliven

AUSSERDEM

120 g Couscous

Olivenöl zum Braten

Salz, Pfeffer

SO GEHT'S

1 Für das Petersilienpesto Mandeln grob hacken und in einer Pfanne ohne Fett rösten, bis sie leicht bräunen, dann abkühlen lassen. Inzwischen Petersilie waschen, gut trocken tupfen, Blättchen abzupfen und grob zerschneiden. Knoblauch schälen und grob hacken. Zitrone heiß waschen, abtrocknen, Schale fein abreiben und den Saft auspressen. Mandeln, Petersilie, Knoblauch und ½ TL Zitronenschale mit 2 EL Zitronensaft und gut der Hälfte Olivenöl pürieren, dann nach und nach so viel Öl zugeben, bis die gewünschte Konsistenz erreicht ist, zum Schluss mit Salz und Pfeffer würzen.

2 Die Paprika halbieren, putzen, waschen und in kleine Stücke schneiden. Knoblauch schälen und in Scheiben schneiden. Thymian waschen, trocken schütteln, Blättchen abzupfen und fein hacken. 2 EL Öl in einer Pfanne erhitzen, darin Paprika und Knoblauch bei großer Hitze unter Rühren braten, bis die Paprika leicht bräunen. Thymian zugeben, salzen, pfeffern und mit gut der Hälfte Orangensaft ablöschen. Bei mittlerer Hitze 5–7 Minuten fertig garen, dabei nach und nach übrigen Orangensaft zugeben – er sollte am Ende vollständig verdampft sein.

3 Spinat waschen, verlesen und trocken schleudern. Couscous nach Packungsangabe zubereiten. Halloumi trocken tupfen und quer in 1 cm dicke Scheiben schneiden. Eine Grillpfanne dünn mit Öl bepinseln, erhitzen und den Käse darin beidseitig braten, bis er leicht gebräunt ist.

4 Couscous auf Schalen verteilen, darauf den Halloumi und den Spinat verteilen, beides mit Pesto beträufeln. Die Paprika und schwarze Oliven danebenlegen.

VEGETARISCH

CHANA-DAL-BOWL

ZUTATEN

FÜR DIE MINZ-RAITA

½ Bund Minze

4 Stängel Koriandergrün

150 g griechischer Joghurt (10 % Fett)

½ TL gemahlener Kreuzkümmel

Rohrohrzucker

FÜR DAS RETTICHGEMÜSE

1 kleiner weißer Rettich

2 EL Sonnenblumenöl

¼ TL gemahlene Kurkuma

2 Msp. edelsüßes Paprikapulver

½ TL Schwarzkümmelsamen

FÜR DAS TOPPING

1 Bio-Mini-Gurke

Paneer (s. S. 103, alternativ Fertigprodukt)

AUSSERDEM

150 g (Basmati-)Reis

schnelles Chana-Dal (s. S. 53)

Salz, Pfeffer

Öl zum Braten

SO GEHT'S

1 Für die Raita Minze und Koriandergrün waschen, Blättchen abzupfen und grob hacken. Beides mit 1 EL Joghurt in den Blitzhacker geben und pürieren oder fein hacken. Mit dem übrigen Joghurt und Kreuzkümmel verrühren und mit Salz, Pfeffer und 2 Prisen Rohrohrzucker würzen. Gekühlt ziehen lassen.

2 Inzwischen den Reis nach Packungsangabe garen und quellen lassen. Gleichzeitig Chana-Dal, wie auf S. 53 beschrieben, zubereiten und eventuell warm halten. Die Gurke waschen und in Scheiben schneiden.

3 Für das Rettichgemüse den Rettich schälen und in 2 mm dünne Scheiben schneiden. Öl in einer beschichteten Pfanne erhitzen, Rettich hineingeben, Kurkuma- und Paprikapulver und Schwarzkümmel darüberstreuen, salzen und kurz durchrühren. Nun bei schwacher Hitze möglichst zugedeckt 10 Minuten garen, dabei falls nötig 1–2 EL Wasser zugeben.

4 Paneer in Scheiben schneiden. Eine Grillpfanne mit Öl bepinseln und den Käse darin beidseitig jeweils 3–4 Minuten braten.

5 Reis auf Schalen anrichten, Chana-Dal, Rettich, Gurke und Paneer darauf verteilen und die Minz-Raita in die Mitte geben.

PANEER – INDISCHER FRISCHKÄSE

ZUTATEN

2 l frische Vollmilch

6–8 EL frisch gepresster Zitronensaft (alternativ) Branntweinessig

SO GEHT'S

1 Die Milch langsam erhitzen und unter Rühren zum Kochen bringen. Sobald die Milch kocht, Zitronensaft oder Essig eingießen. Jetzt „gerinnt" die Milch und trennt sich in gelbliche, flüssige Molke und weiße, flockige Käsemasse – das kann einen Moment dauern, und man sollte den Topf so lange auf der Herdplatte lassen. Falls sich gar nichts tut, nochmals etwas Zitronensaft oder Essig zugeben. Sobald die Milch geronnen ist, den Topf vom Herd nehmen.

2 Die geronnene Masse in ein feines Sieb gießen und unter kaltem Wasser gründlich abbrausen; dabei mit einem Löffel durchrühren. Anschließend gut abtropfen lassen. Ein zweites Sieb mit einem sauberen Mull- oder Geschirrtuch auslegen. Die Käsemasse hineingeben. Das Tuch über dem Käse zusammendrehen und so viel Flüssigkeit wie möglich herausdrücken.

3 Das Tuch in eine rechteckige kleine Form legen. Die trockene, krümelige Käsemasse hineingeben und mit den Händen fest zusammendrücken. Das Tuch darüberschlagen, ein Schneidebrett auflegen und darauf Konservendosen stellen, um den Käse möglichst fest zusammenzudrücken. In den Kühlschrank stellen und 8 Stunden (oder über Nacht) fest werden lassen. Der Käse schmeckt frisch oder in Scheiben geschnitten und gebraten.

VEGAN

TOSKANA-BOWL

ZUTATEN

FÜR DIE TOMATEN

300 g Kirschtomaten

1 kleine Knoblauchzehe

1 Zweig Rosmarin

1 ½ EL Olivenöl

1 TL Aceto balsamico

Zucker

FÜR DIE BOHNEN

1 Dose weiße Bohnen (400 g Füllgewicht)

½ Knoblauchzehe

8 Salbeiblätter

1 EL Olivenöl

1 TL Tomatenmark

AUSSERDEM

125 g Zartweizen (Ebly®)

Salz, Pfeffer

gedünsteter Schwarzkohl (s. S. 106)

SO GEHT'S

1 Den Backofen auf 200 °C (Umluft 180 °C) vorheizen. Tomaten waschen und in eine kleine ofenfeste Form geben. Knoblauch schälen und in Scheiben schneiden, Rosmarin waschen, Nadeln abzupfen und fein hacken. Knoblauch zu den Tomaten geben, Rosmarin darüberstreuen, mit Olivenöl und Aceto balsamico beträufeln, mit Salz und Pfeffer würzen und mit 1 Prise Zucker bestreuen. Im heißen Ofen (Mitte) 20–25 Minuten garen, dabei nach ca. 15 Minuten Garzeit einmal durchrühren.

2 Inzwischen Zartweizen nach Packungsangabe garen und warm halten. Schwarzkohl, wie auf S. 106 beschrieben, zubereiten.

3 Gleichzeitig für die Bohnen die weißen Bohnen abgießen, dabei die Einlegeflüssigkeit auffangen. Knoblauch schälen und fein hacken, Salbei abreiben und in Streifen schneiden. Olivenöl in einem Pfännchen erhitzen, darin den Knoblauch und Salbei andünsten, Tomatenmark unterrühren. Etwas von dem Bohnenwasser und die Bohnen zugeben und salzen und pfeffern. Bei schwacher bis mittlerer Hitze 5–7 Minuten garen, sodass am Ende die Flüssigkeit verdunstet ist.

4 Zartweizen auf Schalen verteilen. Bohnen, Kohl und Tomaten darauf verteilen.

TIPP

Wer möchte, gibt noch etwas zerbröckelten Parmesan oder einen Klecks Ricotta dazu.

KOHL

GEDÜNSTETER SCHWARZKOHL

ZUTATEN

350 g Schwarzkohl

½ Knoblauchzehe

2 EL Olivenöl (alternativ Kokosöl)

Salz, Pfeffer

1 Spritzer Zitronensaft

SO GEHT'S

1 Den Kohl waschen und quer in Streifen schneiden, dabei dicke Strünke wegschneiden. Knoblauch schälen und fein hacken.

2 Olivenöl in einem Topf erhitzen, darin den Knoblauch goldgelb dünsten. Kohl zugeben, salzen, pfeffern und unter Rühren kurz andünsten. 5–6 EL Wasser zugeben und bei mittlerer Hitze 7–10 Minuten garen. Mit Zitronensaft abschmecken.

TIPP

Auf diese Weise kann man auch Grünkohl zubereiten. Beiden Kohlsorten kann man einen asiatischen Touch verleihen, wenn man zusätzlich mit dem Knoblauch 1 klein gehackte Chilischote andünstet und mit 2 EL Sojasauce und dann Wasser ablöscht. Den fertigen Kohl mit Sesam bestreuen oder mit Sesamöl beträufeln.

GRÜNKOHL-CHIPS

ZUTATEN

200 g Grünkohl
2 EL Erdnussmus
2 EL Limettensaft
½ TL edelsüßes Paprikapulver
2–3 Msp. Chilipulver
Salz

SO GEHT'S

1 Ofen auf 120 °C (Umluft 100 °C) vorheizen. Grünkohl waschen, die Blätter in kleine Stücke zupfen und trocken schleudern. Erdnussmus mit Limettensaft und 5–6 EL Wasser verrühren, anschließend Paprika- und Chilipulver und 1 kräftige Prise Salz unterrühren. Kohl und Paste mit den Händen verkneten.

2 Grünkohl auf ein mit Backpapier ausgelegtes Blech geben und im heißen Ofen (Mitte) 1 Stunde bis 1 Stunde 15 Minuten trocknen, dabei nach der Hälfte der Zeit einmal mit einem Löffel auflockern. Aus dem Ofen nehmen, abkühlen lassen und in einer luftdicht verschließbaren Dose aufbewahren.

ORANGEN-GRÜNKOHL

ZUTATEN

400 g Grünkohl
1 Schalotte
1 kleine rote Chilischote
2 Orangen
2 EL Olivenöl
Salz, Pfeffer
80 ml Gemüsebrühe

SO GEHT'S

1 Grünkohl waschen und trocken schütteln. Die Blätter von den Stängeln, dann kleiner zupfen. Schalotte schälen und klein würfeln. Chilischote halbieren, entkernen und fein hacken. Von einer Orange die Schale samt weißer Haut abschneiden, die Fruchtfilets aus den Trennhäuten schneiden, dabei den Saft auffangen. Die zweite Orange halbieren und den Saft auspressen.

2 Öl in einem Topf erhitzen, darin die Schalotte goldgelb andünsten. Chili und Grünkohl dazugeben und kurz unter Rühren mitdünsten. Mit gut der Hälfte Orangensaft ablöschen, salzen und pfeffern. Orangensaft fast verkochen lassen, dann Brühe zugießen. Zugedeckt bei mittlerer Hitze ca. 20 Minuten dünsten, dabei nach und nach übrigen Orangensaft zugießen. Gegen Garzeitende die Orangenspalten vorsichtig unterheben und warm werden lassen, mit Salz und Pfeffer abschmecken.

VEGAN

KNUSPER-KICHERERBSEN-BOWL

ZUTATEN

FÜR DIE SAUCE

2 rote oder gelbe Paprika

1 Knoblauchzehe

2 EL Olivenöl

½–1 TL indische (Madras-) Currypaste

200 ml Gemüsebrühe

50 g geröstete gesalzene Cashewkerne

Salz, Pfeffer

AUSSERDEM

geröstete Kichererbsen (s. S. 52) oder s. Tipp

120 g Quinoa

1 Mini-Pak-Choi (alternativ Japanese-Greens oder Baby-Leaves)

1 Avocado

1 EL Zitronensaft

Schwarzkümmelsamen zum Bestreuen

SO GEHT'S

1 Die Kichererbsen, wie auf S. 52 beschrieben, zubereiten.

2 Inzwischen Quinoa nach Packungsanweisung garen. Für die Sauce Paprika halbieren, putzen, waschen und in Stücke schneiden. Knoblauch schälen und fein hacken. Öl in einer Pfanne erhitzen, darin die Paprikastücke mit dem Knoblauch kräftig anbraten. Die Currypaste unterrühren und Gemüsebrühe zugießen. Cashewkerne dazugeben. Unter gelegentlichem Rühren bei mittlerer Hitze 20–25 Minuten garen. Paprika samt Nüssen abgießen, dabei Garsud auffangen. Beides mit so viel Brühe pürieren, dass eine nicht zu flüssige Sauce entsteht. Mit Salz und Pfeffer würzen, anschließend warm halten.

3 Japanese Greens oder Salat waschen, verlesen und trocken schleudern. Avocado halbieren, Kern entfernen, das Fruchtfleisch aus der Schale lösen und längs in Streifen schneiden, sofort mit Zitronensaft bepinseln.

4 Quinoa in eine Schale geben, mit Sauce beträufeln, darauf Kichererbsen, Salat und Avocado verteilen, mit Schwarzkümmel bestreuen und servieren.

TIPP

Wenn es schnell gehen muss, einfach Kichererbsen direkt aus der Dose auf die Bowl geben.

TEX-MEX-BOWL

VEGETARISCH

ZUTATEN

FÜR DIE SALSA

1 vorgegarter Maiskolben (vakuumverpackt)

1 kleine rote Zwiebel

½ feste Avocado

2 EL Limettensaft

2 EL gehacktes Koriandergrün

2–3 Msp. Chiliflocken

Zucker

FÜR DIE LIMETTENCREME

½ Limette

150 g saure Sahne

FÜR DIE TOMATEN

2 feste, reife Tomaten

1 Ei

3 EL Mehl

4 EL Maismehl

⅓ TL getrockneter Oregano

Olivenöl zum Braten

AUSSERDEM

1 Ofen-Süßkartoffel (s. S. 112)

120 g (Langkorn-)Reis

Salz, Pfeffer

Koriandergrün zum Bestreuen (nach Belieben)

SO GEHT'S

1 Ofen-Süßkartoffel, wie auf S. 112 beschrieben, zubereiten. Inzwischen für die Salsa den Maiskolben nach Packungsangabe garen und abkühlen lassen. Die Maiskörner mit einem Messer längs vom Kolben schneiden. Zwiebel schälen und in maiskorngroße Würfel schneiden. Avocado halbieren, Kern und Schale entfernen und das Fruchtfleisch in Größe der Maiskörner würfeln und sofort mit Mais, Zwiebelwürfeln, Limettensaft und Koriandergrün mischen. Mit Chiliflocken, 1–2 Prisen Zucker, Salz und Pfeffer würzen, dann ziehen lassen.

2 Reis nach Packungsanweisung garen. Inzwischen für die Limetten-Creme die Limette heiß waschen, Schale abreiben und Saft auspressen. Sauerrahm mit Limettenschale sowie 2–3 Spritzern Limettensaft verrühren und salzen und pfeffern.

3 Die Tomaten waschen und quer in dickere Scheiben schneiden; diese zwischen zwei Lagen Küchenpapier legen, damit sie Flüssigkeit verlieren. Das Ei in einem tiefen Teller verquirlen, Mehl in einen zweiten geben. Maismehl in einen dritten Teller geben. Tomaten leicht mit Salz, Pfeffer und Oregano würzen. In einer großen beschichteten Pfanne reichlich Öl erhitzen. Tomatenscheiben nacheinander erst in Mehl wenden, dann durch das Ei ziehen und zuletzt im Maismehl wenden, dabei das Mehl leicht andrücken. Die Tomaten dann in der Pfanne bei mittlerer Hitze goldbraun braten. Herausnehmen und auf Küchenpapier legen.

4 Süßkartoffel aus dem Ofen nehmen, aufschneiden und das Fruchtfleisch herauskratzen und mit einer Gabel leicht zermusen. Dann salzen und pfeffern. Reis auf Schalen verteilen, darauf jeweils Süßkartoffel, Salsa, Tomaten und Limettencreme geben. Nach Belieben mit Koriandergrün bestreuen.

TIPP

Wer will, kann für eine nicht vegetarische Variante noch 2 EL frisch geriebenen Parmesan unter das Maismehl für die Tomaten mischen!

SÜSSKARTOFFEL

AUS DER PFANNE

ZUTATEN

1 Süßkartoffel (ca. 400 g)

2 EL Kokosöl

Salz, Pfeffer

2 Msp. Chilipulver

SO GEHT'S

1 Die Süßkartoffel schälen, in kleine Würfel schneiden und in einen Dämpfeinsatz oder -korb geben. In einen Topf mit wenig Wasser setzen und 10–15 Minuten garen. Herausnehmen und trocken tupfen.

2 Kokosöl in einer beschichteten Pfanne erhitzen, darin die Süßkartoffelwürfel unter gelegentlichem Wenden 5–7 Minuten braten, mit Salz, Pfeffer und Chilipulver würzen.

AUS DEM OFEN

ZUTATEN

1 Süßkartoffel (300 g)

1 TL Butter oder 1 EL Olivenöl

Salz, Pfeffer

SO GEHT'S

1 Den Backofen auf 200 °C (Umluft 180 °C) vorheizen. Die Süßkartoffel gründlich waschen und ringsherum mit einer Gabel mehrmals tief einstechen, auf ein Backblech – möglichst mit Alufolie ausgelegt – legen. Im heißen Ofen (Mitte) ca. 1 Stunde 15 Minuten garen, dabei einmal wenden. Wenn die Süßkartoffel sich leicht mit einem Messer einstechen lässt und sie beim Drücken weich nachgibt, ist sie gar.

2 Kartoffel aus dem Ofen nehmen, kurz auskühlen lassen, dann längs einschneiden und das Fruchtfleisch herauslöffeln. Mit einer Gabel das Fruchtfleisch zerdrücken und Butter oder Olivenöl untermengen, mit Salz und Pfeffer würzen.

GEGRILLT

ZUTATEN

1 Süßkartoffel (ca. 450 g)
Salz
1 Knoblauchzehe
¾ TL gemahlener Kreuzkümmel
2–3 Msp. Chilipulver
2 EL Limettensaft
1 TL Ahornsirup
3 EL Olivenöl

SO GEHT'S

1 Die Süßkartoffel schälen und in 2–2 ½ cm große Würfel schneiden. In einem Topf ausreichend Wasser erhitzen, salzen und die Süßkartoffel darin bei mittlerer Hitze 15–20 Minuten garen; sie sollte zwar weich sein (dazu mit einem spitzen Messer einstechen), aber nicht zu gar bzw. matschig. In ein Sieb abgießen und etwas abkühlen lassen.

2 Inzwischen Knoblauch schälen und durchpressen. Mit Kreuzkümmel, Chilipulver, Limettensaft, Ahornsirup und Öl gründlich verrühren. Die Süßkartoffel gut darin wenden.

3 Den Grill des Backofens auf höchster Stufe vorheizen. Süßkartoffel leicht abtropfen lassen, dabei die Marinade auffangen. Kartoffel auf ein mit Backpapier ausgelegtes Blech legen oder sie auf Holzspieße aufspießen und auf das Backpapier legen. Im heißen Ofen (oben) ca. 10 Minuten grillen, dabei ein- bis zweimal wenden, dabei mit der übrigen Marinade bestreichen.

VEGAN

HOT-TOFU-BOWL

ZUTATEN

FÜR DEN SPROSSENSALAT

1 große Möhre

50 g Sprossenmischung (Alfalfa- oder Radieschensprossen)

1 EL Sesam

3 EL frisch gepresster Mandarinensaft

1 EL Reisessig (alternativ Weißweinessig)

1 EL Sojasauce (alternativ Tamari)

1 EL geröstetes Sesamöl

FÜR DEN MANGOLD

350 g (bunter) Mangold

1 Knoblauchzehe

1 Stück Ingwer (10 g)

1 rote Chilischote

2 EL Sonnenblumenöl

2 EL Sojasauce (alternativ Tamari)

150 ml Gemüsebrühe

AUSSERDEM

120 g Naturreis

1 kleine Dose Kidney-Bohnen (ca. 140 g Füllgewicht)

glasierter Tofu (s. S. 117)

SO GEHT'S

1 Den Reis nach Packungsanweisung garen. Kidney-Bohnen in ein Sieb geben, kalt abbrausen und abtropfen lassen.

2 Während der Reis gart, für den Sprossensalat Möhre waschen, schälen und in feine Stifte (Julienne) schneiden oder hobeln. Sprossen in ein Sieb geben, gut abbrausen und abtropfen lassen bzw. trocken tupfen. Sesam in einer Pfanne ohne Fett rösten, bis er duftet, dann abkühlen lassen. Mandarinensaft, Essig, Sojasauce und Sesamöl verrühren. Die Möhre darin marinieren.

3 Für das Mangoldgemüse den Mangold waschen und putzen. Die Stiele in ca. 5 mm breite Streifen, die Blätter in 1–2 cm breite Streifen schneiden. Knoblauch und Ingwer schälen und fein würfeln. Die Chilischote halbieren, Kerne entfernen und die Schote fein hacken. Öl in einem Wok oder einer beschichteten Pfanne erhitzen, die Stiele darin mit Knoblauch, Ingwer und Chili bei starker Hitze unter Rühren 2–3 Minuten anbraten. Mit Sojasauce oder Tamari ablöschen und Brühe zugeben. 3–5 Minuten bei mittlerer Hitze garen, dann die Blätter zugeben und in 2–3 Minuten unter Rühren zusammenfallen lassen. Vom Herd nehmen und warm halten.

4 Den Tofu, wie auf S. 117 beschrieben, zubereiten. Sprossen und Sesam mit den Möhren mischen. Reis auf Schalen verteilen, Sprossensalat, Mangoldgemüse und den Tofu daraufgeben.

TOFU MARINIERT

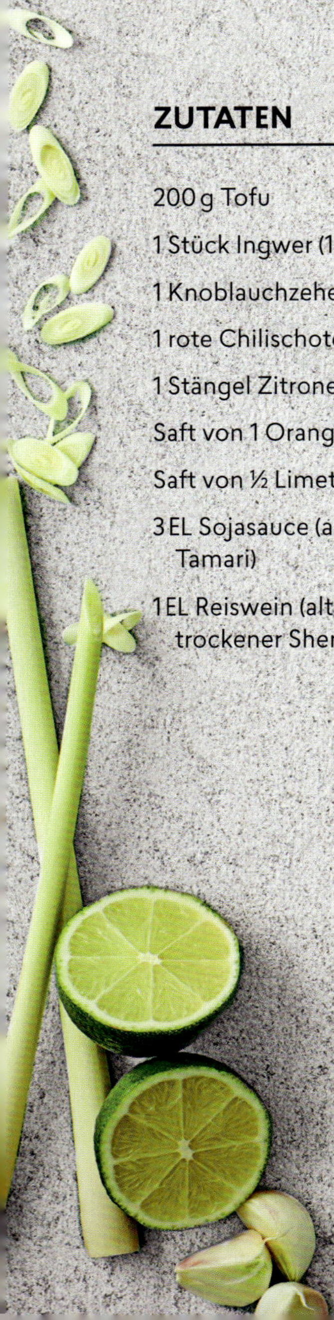

ZUTATEN

200 g Tofu

1 Stück Ingwer (15 g)

1 Knoblauchzehe

1 rote Chilischote

1 Stängel Zitronengras

Saft von 1 Orange

Saft von ½ Limette

3 EL Sojasauce (alternativ Tamari)

1 EL Reiswein (alternativ trockener Sherry)

SO GEHT'S

1 Den Tofu aus der Packung nehmen und zwischen Küchenpapier gut ausdrücken, anschließend in schmale Scheiben schneiden. Ingwer und Knoblauch schälen und fein reiben bzw. pressen bzw. möglichst fein würfeln. Chilischote waschen, Kerne herauskratzen und die Schote fein würfeln. Vom Zitronengras den oberen Teil und den harten Strunk wegschneiden. Die unteren 10–12 cm längs vierteln, waschen, die Viertel längs in feine Streifen schneiden und diese fein hacken.

2 Orangen- und Limettensaft, Sojasauce und Reiswein gründlich verrühren. Knoblauch, Ingwer, Chili und Zitronengras unterrühren und alles in einen Gefrierbeutel geben. Tofu dazugeben und alles gut darin mischen, den Beutel verschließen und mindestens 2 (besser 6 Stunden) marinieren, dabei eventuell ein- bis zweimal durchmischen.

TIPP

Wer will, kann den Tofu anschließend auch trocken tupfen und in der Grillpfanne mit wenig Öl braten.

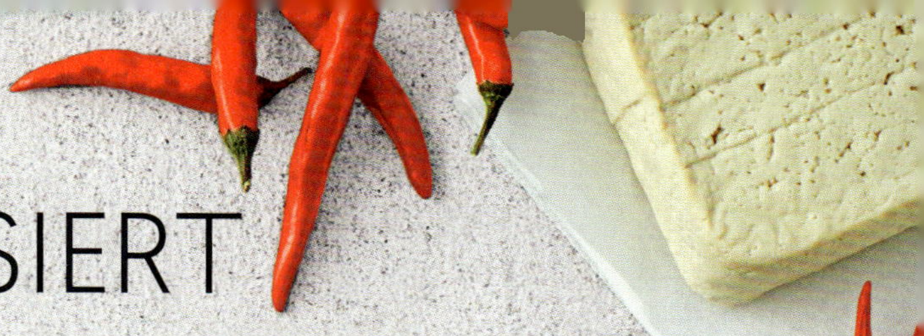

GLASIERT

ZUTATEN

200 g Tofu

Sonnenblumenöl zum Braten

1 Knoblauchzehe

1 EL Ahornsirup

1 ½ EL Sojasauce (alternativ Tamari)

3 EL Barbecue-Sauce (Fertigprodukt)

SO GEHT'S

1 Den Tofu aus der Packung nehmen und zwischen Küchenpapier gut ausdrücken. Reichlich Öl in einer beschichteten Pfanne erhitzen und den Tofu darin knusprig braun braten. Aus der Pfanne nehmen und auf Küchenpapier abtropfen lassen.

2 Das Öl bis auf einen kleinen Rest aus der Pfanne gießen. Den Knoblauch schälen und hineinpressen und bei mittlerer Hitze andünsten. Dann Ahornsirup, Sojasauce, Barbecue-Sauce und 100 ml Wasser zugeben. Verrühren und bei mittlerer Hitze sirupartig dick einkochen lassen.

3 Tofu in der Pfanne 2–3 Minuten glasieren, dabei mehrmals wenden. Die Bratflüssigkeit sollte am Ende klebrig dick eingekocht sein und den Tofu schön glänzend überziehen.

AUS DEM OFEN

ZUTATEN

200 g Tofu

3 EL Sojasauce (alternativ Tamari)

1 EL Reisessig (alternativ Weißweinessig)

1 kleine Knoblauchzehe

3 EL Speisestärke

SO GEHT'S

1 Den Tofu zwischen Küchenpapier gut ausdrücken. Dann in Küchenpapier einschlagen, in einen tiefen Teller legen, mit einem Schneidebrett und Konservendosen beschweren. So 6 Stunden stehen lassen, nochmals trocken tupfen. Tofu in ca. 1 x 3 cm große Rechtecke schneiden. Sojasauce und Essig mischen, Knoblauch schälen und dazupressen und alles mit dem Tofu in einen Gefrierbeutel geben. Gut mischen, den Beutel verschließen und 6–12 Stunden marinieren, dabei ein- bis zweimal durchmischen.

2 Den Backofen auf 200 °C (Umluft 180 °C) vorheizen. Tofu aus der Marinade nehmen und trocken tupfen. Stärke in einen tiefen Teller geben, Tofu darin wenden – er sollte dünn überzogen sein. Auf ein mit Backpapier ausgelegtes Blech legen und im Ofen (Mitte) 30–35 Minuten knusprig braten, dabei ein- bis zweimal wenden.

VEGETARISCH

MATRJOSCHKA-BOWL

ZUTATEN

FÜR DEN KOHL

250 g Weißkohl

1 kleine Zwiebel

1 EL Sonnenblumenöl

⅓ TL Kümmelsamen

FÜR DEN MEERRETTICH-SCHMAND

120 g Schmand

1 TL Meerrettich (aus dem Glas)

1 Bund Schnittlauch

FÜR DIE PILZE

200 g braune Champignons

1 Schalotte

2 EL Sonnenblumenöl

1 EL Butter

AUSSERDEM

Salz, Pfeffer

schnelle Rote-Bete-Pickles (s. S. 47)

120 g Buchweizenbulgur

SO GEHT'S

1 Rote-Bete-Pickles, wie auf S. 47 beschrieben, zubereiten und ziehen lassen. Inzwischen Bulgur nach Packungsangabe zubereiten und ausquellen lassen.

2 Kohl waschen, Strunk keilförmig herausschneiden und den Kohl in schmale Streifen schneiden. Zwiebel schälen, längs halbieren und in feine Streifen schneiden. Öl in einem Topf erhitzen, darin die Zwiebel goldgelb andünsten. Kohl zugeben und unter Rühren braten, bis er leicht zu bräunen beginnt. Mit Kümmel, Salz und Pfeffer würzen und 5 EL Wasser zugeben, anschließend zugedeckt ca. 5 Minuten bei mittlerer Hitze gar dünsten.

3 Währenddessen Schmand mit Meerrettich glatt rühren. Den Schnittlauch waschen und in Röllchen schneiden. Die Hälfte davon beiseitelegen, die andere Hälfte unter den Schmand rühren. Mit Salz und Pfeffer würzen.

4 Pilze sauber reiben und in dicke Scheiben schneiden. Schalotte schälen und in Ringe schneiden. Öl in einer beschichteten Pfanne erhitzen, darin die Pilze bei starker Hitze unter Rühren 3–4 Minuten braten, bis sie leicht bräunen, zwischendurch salzen und pfeffern. Schalotte und Butter in die Pfanne geben. Alles bei mittlerer Hitze weitere 2–3 Minuten fertig garen.

5 Buchweizenbulgur in Schalen verteilen, darauf den Kohl und die Pilze geben, daneben marinierte Rote Bete und den Schmand platzieren. Mit dem übrigen Schnittlauch bestreuen.

HAPPY-BUNNY-BOWL

VEGETARISCH

ZUTATEN

FÜR DIE OFENMÖHREN

je 1 große dicke rote, gelbe und orange Möhre

½ Knoblauchzehe

½ TL gemahlener Kreuzkümmel

1 TL gemahlener Koriander

2 Msp. Chiliflocken

1 EL flüssiger Honig

2 EL Zitronensaft

1 ½ EL Olivenöl

FÜR DIE KÄSECREME

100 g Ziegenfrischkäse

2 EL griechischer Joghurt (10 % Fett)

1 TL flüssiger Honig

2 Spritzer Zitronensaft

FÜR DAS PUNTARELLA-GEMÜSE

300 g Puntarella (Vulkanspargel, s. Tipp)

½ Knoblauchzehe

2 EL Olivenöl

AUSSERDEM

125 g Hirse

80 g Baby-Mangold

2 EL gehackter Dill

Salz, Pfeffer

SO GEHT'S

1 Für die Möhren den Backofen auf 220 °C (Umluft 200 °C) vorheizen. Möhren schälen, einmal quer halbieren, dann längs vierteln. In eine kleine ofenfeste Form geben. Knoblauch schälen und in Scheiben schneiden. Gewürze mit Honig, Zitronensaft und Öl dazugeben und alles gut mischen, dann salzen und pfeffern. Im heißen Ofen (Mitte) 25–30 Minuten garen.

2 Inzwischen Hirse nach Packungsangabe zubereiten. Mangoldblätter verlesen, waschen und trocken schleudern. Für die Käsecreme Frischkäse und Joghurt glatt verrühren und mit Salz, Pfeffer, Honig und Zitronensaft würzen.

3 Puntarella waschen, äußere Blätter entfernen und in Triebe zerteilen, große dabei eventuell längs halbieren. Knoblauch schälen und in Scheiben schneiden. Öl in einer beschichteten Pfanne erhitzen, darin Puntarella und Knoblauch unter Rühren 2–3 Minuten bei starker Hitze braten, dann 3–4 EL Wasser zugeben und bei schwacher Hitze 3–5 Minuten fertig garen.

4 Hirse auf Schalen verteilen, darauf Mangoldblätter, Möhren, Puntarella und Käsecreme anrichten. Den gehackten Dill über die Käsecreme streuen.

TIPP

In Bio-Märkten findet man Puntarella inzwischen häufiger, in manchen Gegenden wird er auch als „Vulkanspargel“ angeboten. Zur Chicoréefamilie gehörig, schmecken die dicken Blütenknospen leicht bitter und sind obendrein auch magensaftfördernd. Wer ihn nicht bekommt, kann als Alternative natürlich auch ganz normalen Chicorée verwenden.

VEGAN

MUNG-DAL-BOWL

ZUTATEN

FÜR DAS CURRY

80 g getrocknete Mungbohnen

¼ l Gemüsebrühe

1 Zwiebel

1 Knoblauchzehe

2 EL Sonnenblumenöl

½ TL Kreuzkümmelsamen

1 TL indische Currypaste

1 kleine Dose stückige Tomaten (200 g)

2 EL gehacktes Koriandergrün

AUSSERDEM

Grünkohl-Chips (s. S. 107)

150 g helle Quinoa

Salz, Pfeffer

gebratene Süßkartoffeln (s. S. 112)

60 g Baby-Spinat

SO GEHT'S

1 Mungbohnen mit reichlich Wasser zugedeckt über Nacht einweichen lassen.

2 Am nächsten Tag Grünkohl-Chips, wie auf S. 107 beschrieben, zubereiten. Mungbohnen in ein Sieb abgießen und kalt abbrausen. Gemüsebrühe aufkochen und die Mungbohnen darin zugedeckt 15–20 Minuten garen – sie sollten noch etwas Biss haben und nicht breiig werden. In ein Sieb abgießen, dabei die Brühe auffangen.

3 Die Quinoa in einem Sieb heiß abbrausen, 300 ml Wasser aufkochen, salzen, Quinoa hineingeben und zugedeckt 25 Minuten bei schwacher Hitze garen.

4 Zwiebel und Knoblauch schälen und klein würfeln. Sonnenblumenöl in einem Topf erhitzen und Zwiebel und Knoblauch darin andünsten. Kreuzkümmel zugeben und rösten, bis er duftet. Currypaste zugeben und unter Rühren kurz mitdünsten. Tomaten hineingeben, salzen, pfeffern und bei mittlerer Hitze 20 Minuten offen einkochen lassen. Mungbohnen zugeben und 10–15 Minuten darin garen, eventuell etwas von der Brühe angießen. Am Ende Koriandergrün unterrühren.

5 Süßkartoffeln, wie auf S. 112 beschrieben, zubereiten. Den Spinat verlesen, waschen und trocken schleudern.

6 Quinoa auf Schalen verteilen, Mungbohnen-Curry, Spinat, Süßkartoffeln und Grünkohl-Chips darauf verteilen.

JAPAN-BOWL MIT MAKRELE

FISCH

ZUTATEN

FÜR DIE GRILLAUBERGINEN

1 Aubergine (ca. 300 g)

½ Knoblauchzehe

1 ½ EL Olivenöl

FÜR DIE SAUCE

1 EL Tahin

2 EL helle Miso-Paste

1 EL Sojasauce (alternativ Tamari)

1 EL Mirin (Reiswein, alternativ Wasser)

1–2 Spritzer Chilisauce (z. B. Sriracha; nach Belieben)

FÜR DEN PAK CHOI

3 kleine Pak Choi

½ Knoblauchzehe

2 EL Sonnenblumenöl

2 EL Sojasauce (alternativ Tamari)

FÜR DIE MAKRELEN

2 Makrelenfilets mit Haut (à ca. 160 g)

2 EL Olivenöl

AUSSERDEM

120 g (Basmati-)Reis

Salz, Pfeffer

1 Frühlingszwiebel

SO GEHT'S

1 Für die Grillauberginen die Aubergine waschen, Enden abschneiden, Aubergine einmal quer halbieren und die Hälften längs sechsteln. Knoblauch schälen, fein hacken und mit dem Öl mischen, die Aubergine darin rundum wenden und kurz ziehen lassen. Inzwischen den Backofen auf 220 °C (Umluft nicht empfehlenswert) vorheizen. Auberginenstücke salzen, pfeffern und auf ein mit Backpapier ausgelegtes Blech legen. Im heißen Ofen (Mitte) 20–25 Minuten goldbraun backen, dabei ein- bis zweimal wenden.

2 Den Reis nach Packungsanweisung garen. Währenddessen die Frühlingszwiebel putzen, waschen und in dünne Ringe schneiden. Für die Sauce alle Zutaten mit 2–3 EL Wasser glatt miteinander verrühren. Wer will, rührt noch Chilisauce unter.

3 Pak Choi waschen, putzen und längs halbieren. Knoblauch schälen und in Scheiben schneiden. Öl in einer Pfanne erhitzen, darin Pak Choi und Knoblauch rundum anbraten. Salzen, pfeffern und mit Sojasauce ablöschen. Zugedeckt bei mittlerer Hitze 3–5 Minuten fertig garen, dabei eventuell ein paar EL Wasser zugeben.

4 Die Makrelen trocken tupfen, salzen und pfeffern. Öl in einer beschichteten Pfanne erhitzen, darin die Filets mit der Hautseite nach unten 2–3 Minuten braten, wenden, dann weitere 2–3 Minuten fertig braten.

5 Reis auf Schalen verteilen, darauf je 1 Makrelenfilet geben, daneben Pak Choi und Aubergine platzieren, die Sauce in die Mitte geben und alles mit Frühlingszwiebeln bestreuen.

FISCH

TATAKI-BOWL

ZUTATEN

FÜR DIE ANANAS-SALSA

¼ Ananas

½ kleine rote Zwiebel

1 kleine rote Chilischote

2–3 Zweige Shiso (Perilla, aus dem Asien-Laden)

2 EL Limettensaft

FÜR DEN THUNFISCH

180 g ganz frisches Thunfischfilet (Sashimiqualität)

½ TL schwarze Pfefferkörner

1 EL Sesam

2 EL Olivenöl

FÜR DAS TOPPING

Avocado-Mayonnaise (s. S. 82)

1–2 Spritzer Chilisauce (z. B. Sriracha)

½ rote Zwiebel

1 gelbe Paprika

1 Kästchen Shiso-Kresse (alternativ Rettichsprossen)

AUSSERDEM

150 g Sushi-Reis (s. S. 79)

Salz

SO GEHT'S

1 Für die Salsa Ananas schälen, Strunk entfernen, das Viertel längs halbieren (es sollten etwa 150 g Fruchtfleisch sein), trocken tupfen und in einer (Grill-)Pfanne ohne Öl braten, bis das Fruchtfleisch schön gebräunt ist. Abkühlen lassen. Inzwischen Zwiebel schälen und in Würfel schneiden, Chili fein hacken, Shiso waschen, trocken schütteln, Blättchen abzupfen und grob zerzupfen. Ananasfleisch klein würfeln und mit Chili, Zwiebel, Shiso und Limettensaft mischen, salzen und durchziehen lassen.

2 Den Sushi-Reis, wie auf S. 79 beschrieben, zubereiten. Inzwischen die Avocado-Mayonnaise, wie auf S. 82 beschrieben, zubereiten; wer will, würzt sie zusätzlich mit Chilisauce. Zwiebel schälen und in Ringe schneiden. Paprika halbieren, putzen, waschen und längs in feine Streifen schneiden.

3 Thunfisch trocken tupfen und salzen. Pfefferkörner im Mörser grob zerstoßen und mit dem Sesam in einem tiefen Teller mischen. Thunfisch darin wenden und die Würzmischung gut andrücken. Öl in einer Pfanne erhitzen. Den Thunfisch darin rundum, auf allen Seiten ca. 30 Sekunden, anbraten. Herausnehmen und in Scheiben schneiden.

4 Reis auf Schalen verteilen, Paprika, Avocado, Zwiebelringe und Salsa darauf verteilen, die Thunfischscheiben überlappend daraufgeben. Mit Shiso-Kresse bestreuen.

TIPP

Roh oder nicht roh ist hier die Frage: Bei Thunfisch-Tataki aus Japan wird der Fisch zwar angebraten, bleibt innen aber überwiegend roh. Er wird dann oft wie Sashimi in Scheiben geschnitten und in Sojasauce gedippt gegessen.

FISCH

YAKITORI-LACHS-BOWL

ZUTATEN

FÜR DEN LACHS

300 g Lachsfilet (möglichst gleichmäßig dick)

3 ½ EL Sojasauce (alternativ Tamari)

2 ½ EL Zucker

2 EL trockener Sherry

1 Stück Ingwer (10 g)

Öl zum Braten

FÜR DIE GRILLZWIEBELN

1 Bund Frühlingszwiebeln

2–3 EL Olivenöl

Meersalz

Pfeffer

AUSSERDEM

150 g Sushi-Reis (s. S. 79)

100 g ausgelöste TK-Edamame

Salz

Japan-Pickles (s. S. 40)

SO GEHT'S

1 Den Sushi-Reis, wie auf S. 79 beschrieben, zubereiten. Edamame in ausreichend kochendem Salzwasser 10 Minuten garen, in ein Sieb abgießen und abtropfen lassen.

2 Inzwischen das Lachsfilet trocken tupfen und in 10 gleichmäßig große Würfel schneiden; diese mit etwas Abstand zueinander auf Holzspieße stecken. Sojasauce, Zucker, 4 EL Wasser und Sherry in ein Töpfchen geben. Ingwer schälen, fein würfeln, dazugeben. Einmal aufkochen dann 8–10 Minuten bei mittlerer Hitze sirupartig einkochen lassen. Lachswürfel rundum damit bestreichen, die restliche Sauce beiseitestellen.

3 Für die Grillzwiebeln Frühlingszwiebeln waschen, unten nur die Wurzel und oben nur die obersten grünen Enden wegschneiden. Dann die Zwiebeln einmal quer halbieren. Mit Öl bepinseln und leicht salzen und pfeffern. Eine Grillpfanne heiß werden lassen und die Zwiebeln 2 Minuten braten, wenden und weitere 2 Minuten garen, dabei eventuell einen Topf auf die Zwiebeln stellen, damit sie gut auf der Grillpfanne aufliegen. Eventuell mit Salz und Pfeffer nachwürzen.

4 Grillpfanne mit Öl ausstreichen, die Lachsspieße darin rundum 6–8 Minuten braten, dabei möglichst immer wieder einmal mit Grillsauce bestreichen.

5 Reis auf Schalen verteilen, je 1 Lachsspieß, Edamame, Grillzwiebeln und reichlich abgetropfte Pickles daraufgeben.

FLEISCH

PULLED-CHICKEN-BOWL

ZUTATEN

FÜR DAS PULLED CHICKEN

2 Hähnchenkeulen (à ca. 200 g)

1 rote Zwiebel

1 Knoblauchzehe

6–7 EL Barbecue-Sauce (Fertigprodukt)

FÜR DEN COLESLAW

120 g Rotkohl

1 Möhre

2–3 EL Limettensaft

3 EL saure Sahne

2 EL gehacktes Koriandergrün

3 Msp. gemahlener Kreuzkümmel

Zucker

AUSSERDEM

120 g Wildreismischung

1 Dose Mais (140 g Abtropfgewicht)

1 kleine Avocado

1 TL Limettensaft

Salz, Pfeffer

1–2 EL gehacktes Koriandergrün

SO GEHT'S

1 Für das Pulled Chicken den Backofengrill auf mittlerer Stufe vorheizen (ideal mit Umluft). Hähnchenkeulen rundum salzen und pfeffern. Zwiebel und Knoblauch schälen, Zwiebel in Ringe, Knoblauch in Scheiben schneiden. Beides in einer ofenfesten Form auslegen, die Hähnchenkeulen mit der Hautseite nach oben darauflegen. Die Form gut mit Alufolie verschließen und im heißen Ofen 1 Stunde garen. Dann mit 3 EL Barbecue-Sauce rundum bestreichen und weitere 30–45 Minuten mit Folie abgedeckt garen.

2 Für den Coleslaw Rotkohl waschen, Strunk wegschneiden und den Kohl in feine Streifen hobeln oder schneiden. Möhre schälen und grob raspeln. Den Kohl mit 1 EL Limettensaft und 1 kräftigen Prise Salz mischen und mit den Händen weich kneten (dazu Gummihandschuhe tragen, er färbt ab!). Die Möhrenraspel mit 1 EL Limettensaft mischen. Den übrigen Limettensaft mit saurer Sahne, Koriandergrün und Kreuzkümmel verrühren. Zum Schluss mit 1 Prise Zucker, Salz und Pfeffer abschmecken.

3 Den Reis nach Packungsanweisung garen. Mais in ein Sieb abgießen und abtropfen lassen. Avocado halbieren, Stein und Schale entfernen, das Fruchtfleisch würfeln und sofort in Limettensaft wenden, leicht salzen und pfeffern.

4 Rotkohl, Möhren und Sahnedressing mischen, erneut mit Salz und Pfeffer abschmecken und ziehen lassen. Das Hähnchen aus dem Ofen nehmen und die Keulen etwas abkühlen lassen. Den Garsud mit der übrigen Barbecue-Sauce mischen und nach Wunsch pürieren. Hähnchenfleisch samt Haut mit zwei Gabeln von den Knochen lösen, faserig zerzupfen und mit der Barbecue-Sauce vermengen.

5 Reis auf Schalen verteilen, Pulled Chicken, Avocado, Mais und Coleslaw daraufgeben und mit frischem Koriandergrün bestreuen.

TANDOORI-CHICKEN-BOWL

FLEISCH

ZUTATEN

FÜR DAS TANDOORI-HUHN

250 g Hähnchenbrustfilet

1 EL Joghurt (3,5 % Fett)

1 EL Tandoori-Paste (oder -Pulver, aus dem Asien-Laden)

½ Knoblauchzehe

FÜR DIE RAITA

⅔ Bund Koriandergrün

3 Stängel Minze

100 g Joghurt (3,5 % Fett)

½ Knoblauchzehe

⅓ TL gemahlener Kreuzkümmel

1–2 TL Limettensaft

FÜR DIE MANGOSALAT

1 kleine Mango

1 kleine rote Zwiebel

1 Stück Ingwer (10 g)

1 kleine rote Chilischote

2 EL Limettensaft

⅓ Bund Koriandergrün

AUSSERDEM

120 g (Basmati-)Reis

Salz, Pfeffer

Rote Bete mit Kokos (s. S. 46)

SO GEHT'S

1 Hähnchenfleisch längs in 2 gleich große Stücke schneiden. Joghurt mit Tandoori-Paste verrühren, Knoblauch schälen und dazupressen. Marinade mit Hähnchenfleisch mischen und zugedeckt 12 Stunden (über Nacht) marinieren.

2 Für die Raita Koriandergrün und Minze waschen, trocken schütteln, Blättchen abzupfen, fein hacken und mit Joghurt mischen. Knoblauch schälen und dazupressen. Mit Kreuzkümmel, Salz, Pfeffer und Limettensaft würzen. Zugedeckt kühl stellen.

3 Mango schälen und in Stücke schneiden. Die Zwiebel schälen, längs halbieren und in feine Ringe schneiden. Ingwer schälen, Chilischote waschen und entkernen. Beides fein hacken und mit Limettensaft mischen. Koriandergrün waschen, trocken schütteln, Blättchen abzupfen und grob zerzupfen. Alles mischen, mit Salz abschmecken und ziehen lassen.

4 Den Reis nach Packungsanweisung garen. Inzwischen den Ofen auf 225 °C vorheizen. Fleisch samt Marinade direkt auf ein Blech geben und salzen. Im heißen Ofen (Mitte) 12–15 Minuten garen. Herausnehmen und ruhen lassen. Die Kokos-Rote-Beten, wie auf S. 46 beschrieben, zubereiten.

5 Fleisch in Scheiben schneiden. Reis in Schüsseln füllen und das Fleisch auf eine Seite der Schale setzen, Rote Bete, Raita und Mangosalat auf der anderen Seite nebeneinander anordnen.

FLEISCH

SHEHRAZADES WUNDER-BOWL

ZUTATEN

FÜR DEN SAFRANREIS

120 g (Basmati-)Reis

1 TL Butter

2 Msp. Safranpulver

FÜR DEN MINZJOGHURT

150 g Joghurt (3,5 % Fett)

1 EL gehackte Minzeblätter

⅓ TL gemahlener Kreuzkümmel

FÜR DAS HUHN

2 EL Olivenöl

180 g Hähnchenbrustfilet

200 ml Hühnerbrühe

1 ½ TL Honig

Saft von ½ Zitrone

¾ TL Ras el Hanout (arabische Gewürzmischung; aus dem Bio-Laden)

AUSSERDEM

½ Granatapfel

1 kleines Bund Brunnenkresse

Salz, Pfeffer

SO GEHT'S

1 Den Reis in ein Sieb geben, kalt abbrausen und abtropfen lassen. Butter in einem Topf schmelzen, Reis zugeben und kurz durchrühren, dann 230 ml Wasser und Safran zugeben. Salzen, aufkochen lassen und den Reis zugedeckt bei kleinster Hitze 20–25 Minuten garen.

2 Inzwischen alle Zutaten für den Joghurt verrühren und mit Salz und Pfeffer würzen. Kerne aus dem Granatapfel lösen, Brunnenkresse waschen, verlesen, trocken schleudern und klein zupfen.

3 Für das Huhn in einer kleinen Pfanne das Öl erhitzen, darin das Fleisch rundum braun anbraten, salzen und pfeffern. Mit Brühe ablöschen, dann den Honig, gut zwei Drittel Zitronensaft und Ras el Hanout einrühren und das Hähnchenfleisch 12–15 Minuten bei mittlerer Hitze darin garen. Anschließend herausnehmen und in Alufolie wickeln. Den übrigen Honigsud nun bei starker Hitze sirupartig einkochen und zum Schluss mit Salz, Pfeffer und Zitronensaft abschmecken.

4 Das Fleisch in Scheiben schneiden. Reis in Schüsseln verteilen, das Fleisch daraufgeben und mit Honigsud beträufeln. Brunnenkresse, Granatapfel und Minzjoghurt ebenfalls auf den Reis geben und servieren.

FLEISCH

HEALTHY KEBAB-BOWL

ZUTATEN

FÜR DEN JOGHURTDIP

3 Stängel Minze

⅓ Bund Petersilie

½ Bio-Zitrone

150 g griechischer Joghurt (10 % Fett)

½ TL gemahlener Kreuzkümmel

FÜR DIE BOHNEN

300 g dicke grüne TK-Bohnen

1 Knoblauchzehe

1 Bund Dill

3 EL Olivenöl

FÜR DAS FLEISCH

200 g Lammfleisch (aus der Keule)

1 Knoblauchzehe

3 EL Olivenöl

¾ TL gemahlener Kreuzkümmel

2–3 Msp. Chiliflocken

AUSSERDEM

150 g Bulgur

Salz, Pfeffer

eingelegte Zwiebelringe **(s. S. 41)** oder s. Tipp

SO GEHT'S

1 Für den Dip Kräuter waschen, trocken schütteln, Blättchen abzupfen und fein hacken. Zitrone heiß waschen, Schale abreiben und den Saft auspressen. Joghurt mit ½ TL Zitronenschale, gut 1 EL Zitronensaft und den Kräuter mischen. Mit Salz, Pfeffer und Kreuzkümmel würzen und ziehen lassen.

2 Bulgur nach Packungsanweisung zubereiten und ausquellen lassen. Inzwischen die Bohnen in Salzwasser ca. 10 Minuten garen und abgießen. Währenddessen den Knoblauch schälen und fein würfeln. Dill waschen, trocken schütteln, die Spitzen abzupfen und grob hacken. Öl in einem Topf erhitzen, den Knoblauch darin andünsten. Bohnen und Dill zugeben, im Öl schwenken und salzen und pfeffern. Anschließend warm halten.

3 Fett und Sehnen vom Fleisch wegschneiden, dann das Fleisch in schmale Streifen schnetzeln. Knoblauch schälen und fein hacken. Öl in einer beschichteten Pfanne erhitzen. Darin das Fleisch bei starker Hitze braun braten, Kreuzkümmel und Chiliflocken unterrühren, salzen und pfeffern.

4 Bulgur auf Schalen verteilen, darauf das Fleisch geben, daneben Bohnen, Joghurtdip und Zwiebel-Pickles platzieren. Übrige Zitronenschale vom Dip über die Bohnen streuen.

TIPP

Wer keine Pickles im Vorrat hat, kann auch einfach rohe oder leicht gebratene Zwiebelringe dazu reichen.

FLEISCH

SAIGON-BOWL

ZUTATEN

FÜR DAS FLEISCH

180 g Rinderfilet

2 Stängel Zitronengras

1 Knoblauchzehe

½ rote Chilischote

3 EL Sonnenblumenöl

2 EL Sojasauce (alternativ Tamari)

Salz

FÜR DIE WÜRZSAUCE

½ rote Chilischote

3 EL Limettensaft

1 TL Rohrohrzucker

1 EL Reisessig (alternativ Weißweinessig)

2 EL Fischsauce (Nuoc mam)

AUSSERDEM

150 dünne Reisnudeln

1 dicke Möhre

1 Bio-Mini-Gurke

8 Blätter Romanasalat

⅓ Bund Koriandergrün

4 Stängel Minze

2 Stängel Shiso (Perilla, aus dem Asien-Laden)

2 Frühlingszwiebeln

SO GEHT'S

1 Das Rindfleisch in feine Streifen schneiden. Vom Zitronengras den oberen Teil und den Strunk wegschneiden, die unteren 10–12 cm waschen, längs halbieren, in feine Streifen schneiden und diese fein hacken. Knoblauch schälen und fein hacken. Chilischote putzen, entkernen und fein hacken. Alles mit Rindfleisch und 1 EL Sonnenblumenöl mischen und möglichst noch 2 Stunden zugedeckt marinieren lassen.

2 Für die Würzsauce Chilischote putzen, entkernen und in feine Streifen schneiden. Mit den übrigen Zutaten und 5 EL Wasser mischen und kurz ziehen lassen..

3 Nudeln nach Packungsangabe garen, in ein Sieb abgießen und abtropfen lassen. Möhre schälen und in feine Streifen hobeln oder schneiden. Gurke schälen, längs vierteln und in dünne Scheiben schneiden. Salat waschen, trocken schleudern und schräg in 1 cm breite Streifen schneiden. Die Kräuter waschen, trocken schütteln, Blättchen abzupfen und zerzupfen. Frühlingszwiebeln waschen und mit dem Grün in feine Ringe schneiden.

4 Nudeln in Schalen verteilen. Salat, Gemüse, Zwiebelringe, Kräuter mischen und daraufgeben – dabei etwas von den Kräutern beiseitelegen. Restliches Öl in einem Wok erhitzen. Darin das Fleisch samt Marinade bei starker Hitze unter Rühren braun braten. Mit Sojasauce ablöschen, die Sauce unter Rühren verkochen lassen. Eventuell salzen und warm auf die Schalen verteilen. Mit den beiseitegelegten Kräutern bestreuen. Die Würzsauce dazu servieren, vor dem Essen über die Zutaten geben und alles gut vermischen.

REGISTER

A
Açai-Mark 29
Aceto balsamico 43, 45, 105
Agavendicksaft 17
Ahornsirup 27, 57, 82, 89, 113, 117
Aladins Wunderschüssel 63
Ananas 127
Apfel 4, 19, 27, 39, 87, 89, 96
Apfel-Rübli-Bowl 19
Apfelsaft 19, 89
Aphrodites Beauty-Bowl 99
Aubergine 11, 125
Avocado 5, 13, 31, 75, 81, 82, 83, 109, 111, 127, 131

B
Banana-Choc-Bowl 25
Banane 25, 29
Barbecue-Sauce 117, 131
Basilikum 35, 43
Bavarian Bowl 69
Berberitzen 51
Berglinsen 45
Bibimbap-Bowl 94
Blumenkohl 11, 61
Blütenpollen 25
Brokkoli 10, 11, 63
Brombeeren 17, 25, 29
Buchweizenbulgur 119
Bulgogi-Bowl 87
Bulgur 10, 51, 63, 119, 137
bunte Bete 46
Burrito-Beef-Bowl 85
Butternuss-Kürbis 89

C
Camembert 69
Cashewkerne 33, 55, 109
Champignons 119
Chana-Dal-Bowl 101
Chia-Pudding-Bowl 4, 17
Chia-Samen 17, 25, 33
Chiliflocken 31, 40, 43, 46, 49, 57, 59, 71, 73, 79, 81, 82, 93, 95, 111, 112, 121, 137
Chili-Gewürzmischung 75, 85
Chilipulver 31, 33, 52, 61, 65, 96, 107, 112, 113
Chilisauce 67, 77, 81, 95, 125, 127
Chilischote, rot 73, 106, 107, 115, 116, 127, 133, 139
Chinakohl 96
Colors-of-Asia-Bowl 93
Couscous 10, 19, 71, 99
Cranberrys 19, 29, 89
Currypaste 53, 109, 123
Currypulver 61

D
Datteln 27, 33
Dill 121, 137
Doppelrahmfrischkäse 69
Dukkah 32

E
Easy Falafel 65
Edamame 12, 79, 129
Eier 12, 39, 59, 95
Eingelegte Zwiebelringe 41
Erbsen 10, 11, 12, 39, 52
Erdnussmus 25, 31, 67, 107
Erdnussöl 77
Estragon 39

F
Falafeln 63
Feigen 21
Fischsauce 77, 96, 97, 139
Fregola 43
Frühlings-Bowl 39
Frühlingszwiebel 11, 39, 57, 59, 63, 75, 81, 82, 83, 85, 87, 95, 125, 129, 139

G
Gado-Gado-Bowl 66
Garam Masala 33, 53
Garnelen 4, 7, 12, 77, 96, 97
Gedünsteter Schwarzkohl 106
Goji-Beeren 29
Granatapfel 21, 135
Granola 4, 27, 33
Green-Smoothie-Bowl 27
griechischer Joghurt 73, 101, 121, 137
grüne Bohnen 137
Grünkohl 5, 11, 27, 49, 106, 107, 123
Grünkohl-Chips 107
Guacamole 5, 83, 85
Gurke 11, 31, 40, 51, 57, 77, 79, 101, 139

H
Hähnchenbrustfilet 133, 135
Hähnchenkeulen 131
Halloumi 99
Hanfsamen 33
Happy-Bunny-Bowl 120
Haselnussblättchen 19
Haselnusskerne 32, 33
Healthy Kebab-Bowl 137
Hefeflocken 55
Heidelbeeren 17, 25, 29
Herbst-Bowl 45
Himbeeren 17, 27, 29

Hirse 4, 12, 35, 49, 55, 121
Hokkaido-Kürbis 45
Honig 19, 21, 27, 33, 121, 135
Hot-Chili-no-Carne-Bowl 74
Hot-Tofu-Bowl 115
Hot-Tuna-Bowl 81
Hummus 4, 51, 52

I

Indian Dal-Bowl 61
indische Currypaste 53, 123
Ingwer 40, 53, 57, 61, 77, 82, 89, 93, 96, 115, 116, 129, 133

J

Japan-Bowl mit Makrele 124
Japanese-Greens 109
Japan-Pickles 40
Joghurt 12, 27, 63, 73, 101, 121, 133, 135, 137
Juwelen-Bowl 21

K

Kakao-Nibs 25, 33
Kakaopulver 25
Kaki 21
Kapernäpfel 43
Kichererbsen 4, 5, 7, 9, 32, 52, 53, 55, 63, 65, 101, 109
Kidney-Bohnen 75, 115
Kimchi 5, 87, 95, 96, 97
Kleinblatt-Haferflocken 21
Knoblauchzehe 43, 45, 46, 49, 52, 53, 59, 63, 65, 67, 71, 75, 77, 82, 85, 87, 93, 99, 105, 106, 109, 113, 115, 116, 117, 121, 123, 125, 131, 133, 137, 139
Knusper-Kichererbsen-Bowl 109
Kohlrabi 11, 55
Kokoschips 17
Kokosmilch 23, 61, 67
Kokosöl 13, 46, 53, 61, 106, 112
Kokosraspel 23, 46
Koreanische Reisschale 59
Koriander 32, 52, 61, 93, 101, 121
Koriandergrün 53, 57, 61, 65, 67, 75, 77, 85, 93, 101, 111, 123, 131, 133, 139
Koriandérkörner 32, 47
Kräuterseitlinge 87, 95
Kresse 10, 69, 127, 135
Kreuzkümmel 31, 32, 46, 52, 55, 61, 65, 71, 83, 101, 113, 121, 123, 131, 133, 135, 137
Kürbiskerne 25, 31, 69, 89
Kurkuma, gemahlen 52, 61, 101

L

Labneh-Bällchen 4, 71, 73
Lachsfilet 13, 79, 129
Lammfleisch 137
Lauch 11, 45, 49
Lebkuchengewürz 33
Leinsamenmehl 65
Limette 23, 31, 57, 61, 67, 75, 77, 79, 82, 83, 85, 93, 107, 111, 113, 116, 127, 131, 133, 139
Lollo rosso 10, 71

M

Mais 11, 85, 89, 111, 131
Maiskolben 89, 111
Maismehl 111
Makrelenfilets 13, 125
Mandarinensaft 23, 115
Mandelblättchen 17
Mandeldrink 17, 25
Mandelmus 43
Mandeln 17, 25, 33, 35, 99
Mango 23, 29, 133
Mangold 10, 11, 115, 121
Matrjoschka-Bowl 119
Mediterrane Tomaten-Bowl 35
Milchreis 23
Minze 101, 133, 135, 137, 139
Miso 12, 95, 125
Möhre 11, 19, 40, 49, 55, 59, 67, 77, 79, 93, 95, 115, 121, 131, 139
Mozzarella 43
Muhammara-Bowl 71
Mungbohnen 123
Mung-Dal-Bowl 123

N

Nori-Algenblätter 59
Nori-Flocken 81
No-Salad-Bowl 31
Nut Crunch 33

O

Ofen-Tofu 57
Oliven 13, 43, 99
Orange 5, 21, 27, 29, 49, 71, 99, 107, 116
Orangen-Grünkohl 107
Oregano 32, 85, 111
Otsu-Bowl 57

P

Pak Choi 10, 11, 109, 125
Paneer 5, 101, 103
Papaya 23
Paprika 11, 43, 51, 67, 71, 77, 93, 99, 107, 109, 127
Paprikapulver 32, 69, 101, 107
Parmesan 105, 111
Pastinake 49
Pekannüsse 25
Pekannusskerne 33
Petersilie 63, 65, 99, 137
Pinienkerne 32, 51
Pistazien 21
Postelein 10, 39
Pulled-Chicken-Bowl 131
Purple-Superfood-Bowl 29
Putenschnitzel 89

Q

Quinoa 8, 10, 12, 39, 89, 109, 123

R

Radieschen 4, 10, 11, 39, 40, 69, 81, 95
Ras-el-Hanout 135
Ratzfatz-Hirse-Bowl 55
Räuchertofu 49
Reis 7, 8, 9, 10, 23, 57, 59, 61, 75, 79, 81, 82, 85, 87, 93, 95, 96, 101, 111, 115, 117, 125, 127, 129, 131, 133, 135
Reisessig 40, 79, 95, 115, 139
Reisnudeln 4, 43, 67, 77, 139
Reisnudeln mit Garnelen 77
Rettich 11, 40, 59, 101
Ricotta 35, 105
Rinderfilet 87, 139
Rinderhackfleisch 85
Romanasalat 10, 31, 57, 77, 85, 139
Romanesco 55
Rosa Radieschen 40
Rote Bete 4, 11, 40, 45, 46, 47, 49, 119, 133
Rote Linsen 61
Rotkohl 93, 131
Rucola 10, 35, 45

S

Safranpulver 135
Saigon-Bowl 139
Salbeiblätter 105
Sauerkraut 69
saure Sahne 75, 85, 111, 131
Schafskäse 45, 51
Schalotte 46, 47, 67, 69, 107, 119
Schmand 119
Schnittlauch 69, 119
Schwarzkohl 5, 11, 105, 106
Schwarzkümmelsamen 32, 71, 73, 101, 109
Seidentofu 93
Sesam 27, 31, 32, 57, 59, 79, 81, 82, 95, 106, 115, 127
Sesamöl 57, 59, 79, 81, 87, 95, 115
Shehrazades Wunderbowl 135
Sherry 82, 116, 129
Shichimi togarashi 79
Shiso 127, 139
Shiso-Kresse 127
Soba-Nudeln 57
Sojasauce 57, 59, 67, 87, 97, 106, 115, 116, 117, 125, 127, 129, 139
Sommer-Bowl 43
Sonnenblumenkerne 31, 33
Spargel 11, 39
Speisequark 21
Spicy Granola 33
Spinat 4, 10, 11, 27, 31, 39, 51, 59, 61, 95, 99, 123
Spinat-Hummus-Bowl 51
Spitzkohl 67, 71
Spitzpaprika 51, 67, 77, 99
Sprossen 10, 31, 115, 127
Staudensellerie 67
Sternanis 21
Sushi-Bowl 79
Sushi-Reis 59, 79, 81, 87, 127, 129
Süßkartoffel 5, 11, 87, 93, 111, 112, 113, 123

T

Tahin 52, 63, 65, 125
Tamari 57, 59, 67, 87, 95, 115, 125, 129, 139
Tandoori-Chicken-Bowl 132
Tandoori-Paste 133
Tataki-Bowl 127
Tempeh 12, 67
Tex-Mex-Bowl 110
Thanksgiving-Bowl 89
Thunfischfilet 81, 127
Thymian 35, 41, 43, 45, 46, 47, 55, 73, 99
Tiger-Prawns 77
Toastbrot 71
Tofu 5, 7, 8, 12, 49, 57, 115, 116, 117
Tomate 31, 35, 43, 51, 53, 61, 63, 75, 83, 85, 105, 111, 123
Tomaten, getrocknet 43
Tomatenmark 45, 53, 75, 85, 105
Toskana-Bowl 105
Tropical-Coconut-Bowl 23

V

Vanilleschote 17, 23
Vollmilch 103

W

Wacholderbeeren 41
Wakame-Algen 79
Walnusskerne 21, 33, 71
Weintrauben 19
weiße Bohnen 105
Weißkohl 119
Winter-Bowl 49

Z

Zartweizen 10, 69, 105
Ziegenfrischkäse 121
Zimt 19, 21, 27
Zitrone 9, 19, 21, 35, 39, 51, 52, 65, 82, 99, 103, 106, 109, 121, 135, 137
Zitronengras 77, 116, 139
Zucchini 11, 43, 51, 87
Zuckerschoten 81
Zwiebel 39, 41, 49, 53, 55, 61, 65, 75, 81, 83, 85, 87, 96, 111, 119, 123, 127, 131, 133, 137

ÜBER DIE AUTORIN

Tanja Dusy fühlt sich am wohlsten, wenn es in der Küche richtig rundgeht. Sie schreibt seit über 20 Jahren erfolgreich Kochbücher und war lange Zeit als Redakteurin tätig. Als Küchenprofi entwickelt sie Rezepte, die nicht nur verlässlich gelingen, sondern auch das besondere Etwas haben.

WEITERE TOLLE BÜCHER DER AUTORIN

Buddha Bowls – Super Easy!

Fix, frisch und gesund – über 50 einfache Rezepte – Mit 8 bunten Poke-Bowls

20 x 23,5 cm, 144 Seiten

ISBN 978-3-96093-278-9

17,00 € (D) / 17,50 € (A)

Asia-Noodle-Bowls

50 leichte Rezepte für Ramen, Salate und Wok-Gerichte

20 x 23,5 cm, 144 Seiten

ISBN 978-3-86355-749-2

17,99 € (D) / 18,50 € (A)

Sushi Revolution

Sushi-Burger, Sushirritos, Veggie-Sushi & mehr

20 x 23,5 cm, 144 Seiten

ISBN 978-3-86355-685-3

19,99 € (D) / 20,60 € (A)

Bibliografische Information der Deutschen Bibliothek.

Die Deutsche Bibliothek verzeichnet diese Publikation in der deutschen Nationalbibliografie.

Detaillierte bibliografische Daten sind im Internet über http://www.d-nb.de/ abrufbar.

EIN BUCH DER EDITION MICHAEL FISCHER

9. Auflage 2022

Covergestaltung: Michaela Zander

Layout und Satz: Bernadett Linseisen

Redaktion und Lektorat: Annika Christof, Alexandra Baier

Fotos: Klaus-Maria Einwanger, Rosenheim

ISBN 978-3-86355-640-2

Gedruckt bei Polygraf Print, Čapajevova 44, 08001 Prešov, Slowakei

www.emf-verlag.de